孙毅将军题词

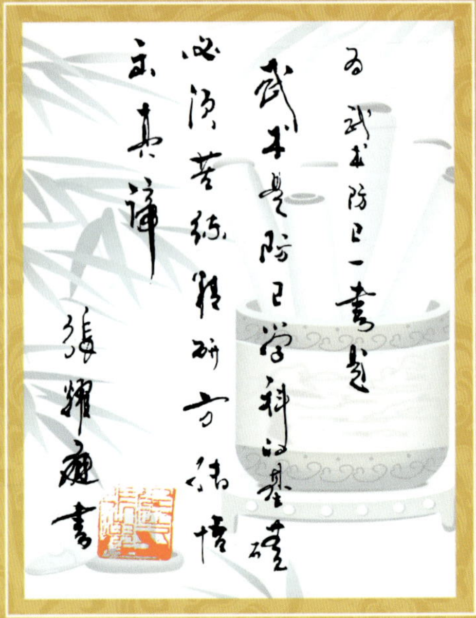

中国武术协会原主席、中国武术研究院原院长张耀庭先生题词

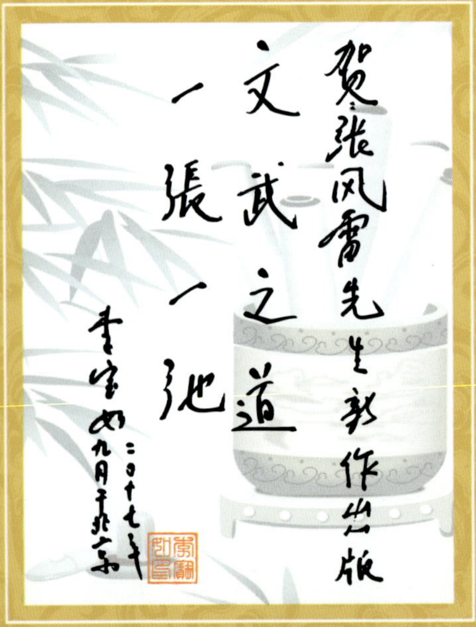

摔跤界泰斗、国家摔跤队原总教练李宝如先生题词

国家高级教练员，第一届、第二届世界武术锦标赛散打冠军，
中国十大武星王世英先生题词

Wufeng Iternational Kungfu Club

修武★博采众长

Wufeng Iternational Kungfu Club

Wufeng Iternational Kungfu Club

積善成德
太極

FILA

从戎★军中硬汉

传承★以武会友

Wufeng Iternational Kungfu Club

武术防卫实战技法精粹

张风雷　著

人民体育出版社

编 委 会

审　定

张耀庭　中国武术协会原主席

中国武术研究院原院长

吴　彬　国际武术联合会原技术委员会主任

肖志民　国家体育总局武术运动管理中心竞赛二处、教授

魏　然　中国防卫科技学院院长

李士英　中国武术协会科研委员会副主任、教授

技术顾问

李宝如　摔跤界泰斗、国家摔跤队原总教练

杨玉峰　著名武术教练员、武术散打国际级裁判员

于志波　国际知名武术教练员、菲律宾国家散打队总教练

王世英　第一届、第二届世界武术锦标赛散打冠军

中国十大武星之一

作　者

张风雷　中国防卫科技学院防卫教研室主任

武风（北京）国际体育文化传媒有限公司总经理

序 一

由青年武术防卫教育研究专家张风雷同志创作的《武术防卫实战技法精粹》一书即将在人民体育出版社出版了。这不仅是广大高校学生的一件喜事，更是一件很有社会价值的事情。将传统武术与现代体育进行有机结合，将健体强身和自我防卫保护融为一体，所总结出的一套实用防卫教材，经过实践探索形成一套科学的训练体系，这是张风雷同志多年来在总结前人经验的基础上刻苦钻研、辛勤劳动、敢于创新的成果。

武术是中华民族在长期的生活斗争实践中，逐步积累和发展起来的一项宝贵的文化遗产，是一项具有极高社会价值和民族文化特色的中国传统体育健身项目。如何继承传统文化，更好地为人民服务、为社会发展服务；如何在实践中用优秀的传统文化指导工作，在工作中发展创新，这是我们每个人都将面临的问题。多年的武术教育工作使我认识到，传统文化的创新关键在于我们既要对传统文化的内涵深入了解，认清规律、把握实质，又要对现实事物进行深刻的理解和体会。这是一个踏踏实实工作和学习研究的过程。由此可见，《武术防卫实战技法精粹》一书的出版凝聚着张风雷同志多年来不为人知的心血和汗水。

张风雷同志自幼习武，近年来他先后多次深入到部队和地方的有关专业部门交流和学习，具有很高的武术造诣；同时，经过多年的潜心研究，在学术方面也屡有建树。《武术防卫实战技法精粹》一书实用技术性强，文字清晰，同时配以作者亲自示范的大量动作图片，是一部很好的防卫教学用书及武术爱好者的参考读物。同时，我也相信作为我们现实社会中的每一个人，尤其是当代大学生，学习一些武术防卫知识和技能，无论是对生活，还是对身心健康安全都是很有帮助的。

武术的最高境界是学习技法而又抛弃技法；练习功法而又活用功法；练一技，修百艺，而成于自然。大学生学习防卫也应如此。希望读者朋友既能学习到实用技术，又能在思考中感悟武术，感悟中华文化，用中华武术的精髓滋养我们每一个爱好武术的人。让我们为建设一个富强、民主、文明、和谐的社会主义国家作出自己应有的贡献！

中国武术协会副主席
北京武术院院长　　吴彬
北京武术队总教练

序 二

《武术防卫实战技法精粹》一书是张风雷同志依据防卫教学需要而创作的。该书从教学的角度出发，以实用武术防卫为题材，科学、系统地介绍了武术防卫的特点和意义，教学与训练，武术防卫基础知识和武术防卫基本技法与应用，快摔技法，擒拿与躲、夺凶器技法，军警一招制敌技法，实战应用技法以及身体素质训练的方法等。书中配以作者亲自示范的大量真实图片，技术实用、结构合理，内容通俗易懂，图文并茂。本书不仅适用于院校及军警部队的教学，也适合武术爱好者参考学习。

张风雷同志是一位勇于开拓进取的武术家，也是一位十分出色的武术防卫教师。为了追求武学的高深境界，他先后多次深入到全国各类武术院校、专业队、解放军和武警部队进行学习和交流，深得众名家之长，内外兼修，为继承、研究和发展武术防卫事业做出了贡献。本书是他在执行部队特殊任务，完成教学和训练及参加各类比武中所积累的丰富经验的总结和升华，也是他刻苦钻研、勇于实践、博采众长和辛勤劳动的结晶。

我相信，该书的问世将对武术防卫教学科学系统化、专业化的发展产生积极的影响。同时将促进武术防卫课程的普及，为各高校学生此类课程的教学提供理论及技术参考。

北京体育大学武术与民族传统体育学院副院长
中国武术协会科研委员会副主任
武术散打国际级裁判

前 言

自幼对武术有着深厚感情的我，已经有20余年的习武及执教生涯。为了不断提高自身的武学修为，我曾不畏艰难困苦，专程走访了多位民间拳师，走进国内外的各类武术院校，走进少林寺、武当山，走进国家专业队……与有关人士进行学习和交流，身临其境地体验、学习各门派武术之精髓。

功夫不负有心人，现在我在武术方面有了一些自己的见解和认识。尤其是近年来，我在一边不断学习、一边执教的过程中，与同行、战友们通过刻苦努力，成功地为国家领导人和境外贵宾进行了多次大型汇报表演，为社会培养了一大批具有较高武术防卫技术技能的学员。他们在各种搏击比赛和安全保卫工作中，多次取得优异成绩，受到社会、专家、用人单位和家长的一致赞誉。

武术的本质是技击，但更高的境界是修身养性，益智延年。同时它也是一种很好的文化，所谓好的文化更多的是以人为本，更多的是为人们的身心健康带来快乐、带来一种积极向上的正能量。《武术防卫实战技法精粹》可以说是我多年习武、教学经验的总结。这本书的完成，倾注了自己的心血和汗水，更浸透着诸多武术前辈及同行们的厚爱。

本书主要从武术、科技防卫、高级文秘、警体、高级安保等教育专业的培养目标出发，紧密结合当前高校及军警部队院校的现状，将近年来我们对武术防卫教学发展的最新认识、成果和经验进行总结，从理论论证到试点实践，几易其稿，不断完善。书中编写的内容以系统课程设置为中心点，着重突出实用武术防卫技术和身体素质训练，辅以亲自示范的千余张技术动作图，旨在为广大学习者打下夯实的基础，使之通过练习达到防卫实战的要求，同时培养灵敏善战的良好素质。

武术源于中国，属于世界。我们只是将前辈留下来的东西总结归纳，从而努力做到更系统化、科学化。当然作为一门特殊学科，武术防卫技术还有待于进一步探索和研究，使之成为有效提高学习者素质的必要手段。

张风雷

2017年7月15日于京东·茗园

目 录

第一章　概述
（Introduction）

学习目标

1 通过学习，理解武术防卫的概念

2 了解武术防卫的特点和意义

中华武术源远流长，博大精深，是我国劳动人民在长期的劳动实践中创造和发展起来的具有独特风格的一项运动，是中华民族的瑰宝。

随着时代的发展和社会需求，逐渐衍生了“武术防卫”技术。武术防卫技术是中国武术的一个分支。从广义上讲，武术防卫技术是运用中国武术各种技法而进行的保护自身和他人安全的行为，从狭义上讲，是指在某种特定环境下，针对某一特定人群（如警察、特工、保镖等）和特殊任务而形成的一种独特的技术。

第一节　武术防卫的特点
（Characteristics of Wushu Defence）

武术防卫是在某种特定环境下，针对某一特定人群和特殊任务而形成的一种独特的技术。它具有如下特点：

一、武术防卫技术的整合性

武术防卫技术既不同于传统的武术运动，也不同于擂台上的散打运动，但它又和这些项目有着不可割舍的某些相关性。本书中的武术防卫技术是在中国传统武术思想指导下，甄选传统武术中经典的打法、摔法、拿法，结合现代散打中的攻防技法以及军警格斗的一招制敌技术，躲、夺凶器技法进行有机整合，再结合传统武术基本功训练、身体素质训练、武术格斗套路训练等形式，形成一种全新的武术防卫技术体系。

二、武术防卫技术的实用性

武术防卫技术是以迅速摆脱危险境地，一招制敌，以捍卫自身安全和特殊情况下保护他人及公共安全为目的，避免多回合的争斗，在技术运用中摆脱了散打比赛中禁用手法和禁打部位的限制，可以运用一切可用的技战术，如拳打、脚踢、肘法、膝法、摔法、拿法，甚至叉眼、顶裆、掰颈等方式进行防守和反击，争取最高效率的防卫。防卫技术突出了技术的简捷、明快和战术上简明、实用的特点。

三、武术防卫技术的科学性

武术防卫技术是根据人体的运动规律，从处在危险境地时的各种特殊情况入手，并结合一定的心理学常识形成的这一特殊技术，经过长期的教学训练与比赛交流，反复实践研究创编而成。它是以人体解剖学、人体生理学、生物力学、哲学思想、社会心理学等知识为理论基础，以中国传统武术和现代各种技击技术为实践蓝本的综合技术形式，具有一定的科学性。

第二节　武术防卫的意义
（Significance of Wushu Defence）

练习武术防卫技术无论是针对当前社会现状，还是创建和谐社会都有着深远的意义。

一、防身自卫，维护社会稳定

在现代社会里，武术防卫的技击价值虽然不如古代那样突出，但在战争中仍不可避免会有近距离格斗的可能，在公安部门执行公务时武术防卫技术仍有着极其重要的作用，即使在人们的日常生活中也会有善恶斗争时运用格斗技术的情况，善良的人们在掌握了一些武技后，往往会有一些特殊的安全感，因此，武术防卫的技击价值是不容忽视的。人是社会系统的基本因素，是社会存在的基础和发展的动力。一个社会是否稳定，最主要的就是组成社会的每个人的安全是否有保障，若人与人之间能做到和睦相处、互不侵害，则是促进社会稳定的实质性进步。学习武术防卫，最主要的目的就是通过锻炼掌握防卫技能，提高自我保护能力，自身不受侵害，同时起到稳定社会、造福社会的作用。

二、强健身体，增进智力

武术的本质是技击，但更高的境界是修身养性，益智延年。生命在于运动，在不断的防卫训练中可以提高自身的速度、力量、耐力、灵敏、柔韧等身体素质，增强人体内脏器官、系统的功能，尤其对提高人的神经系统的灵活性有很好的作用。在运动时人体气血充沛，使分布在大脑的毛细血管大量开放，增强脑部血液循环，从而加强脑细胞的供能条件，改善大脑功能，增进中枢神经系统的灵活性和稳定性，同时，四肢的各种不规则运动可以刺激左、右大脑细胞，达到益智的作用；通过防卫技术的学习，同时也能为终身体育锻炼的方法打下坚实的基础。

三、培养良好的心理素质

在危急时刻如何能灵活运用自己的智慧，娴熟运用防卫技术，达到御敌自卫的目的？具备良好的心理素质是关键，就是我们通常说的遇事不惊、临阵不乱，也叫“胆量”。良好的心理素质要通过习练者长期不懈的努力逐渐培养出来，拳谚讲，“独练时无敌似有敌，应战时有敌似无敌”，这正是武术防卫技术中心理训练的真实写照。通过练习中的“苦”和“累”以及“挫折”训练等，能不断增加自信心，提高自身心理素质。

武谚解释：

独练时无敌似有敌，应战时有敌似无敌。这是领悟技击原理和克敌制胜的要诀；独练时无敌似有敌，是指独自练功时，始终要在心目中有一个假想的“敌人”在与自己搏斗，闪展腾挪、退守进攻，无不以这个假想的“敌人”为目标，从而做到心意、精神、气质、劲力与动作姿势的紧密配合；应战时有敌似无敌，并不是轻敌之意，而是指应敌时要心平气稳，以灵活的战术和平时积累的过硬技术，果断地给对手以重创。

四、陶冶情操、提升综合素质

第一，武术防卫训练能够陶冶人的情操。表现在对意志品质的培养方面，在长期的武术防卫训练中，有时还伴随着伤痛和失败，这就使得训练本身成为对人的意志品质的磨炼；培养了人的果敢、坚毅、顽强、拼搏的作风和勇猛精进、积极向上的精神，通过与强手的争夺对抗，能够克服懦弱、胆怯的心理，树立起敢打必胜的信心和胜不骄、败不馁的意志品质。

第二，武术防卫是一种技术，学习武术防卫对人还有一种武德教育的作用。武德可以理解为掌握武技的人所应具备的道德，是习武者为把握自身、实现社会价值而建立的自我约束与精神自律体系。在习武时注重武德，可以增强人的社会责任感，从而进入高品位的人格境界，又有继承和弘扬中华传统文化的欣慰感，为提高自我修养、维护社会的正常秩序起到积极的作用。

第二章 教学与训练
（Teaching and Training）

学习目标

1 了解教学与训练的原则，并能在教学与实践中熟练运用

2 了解防卫的一般规律和教学与训练的要求

3 学习心理素质训练的方法，培养良好的心理素质

4 掌握运动准备活动与放松的方法

第一节　教学与训练的原则
（Principles of teaching and training）

原则是教学与训练过程客观规律的反映，是教学与训练过程中必须遵循的基本要求。它不是人们的主观臆造，也不是某一项目或某一方面的经验总结，而是各个运动项目在教学与训练实践中普遍经验的总结和概括，具有普遍的指导意义。人们通过长期的教学与训练实践，不断地总结成功的经验和失败的教训，并结合学生在学习和训练过程中反映出的问题，进行科学研究与探索并认识这些规律，从而总结提出了用于指导学生教学与训练实践的一些原则，也是教学与训练中必须遵循的准则。

为了达到正常的教学目的，提高训练水平，在进行武术防卫技术教学与训练中，我们应遵循以下几项基本原则：

一、自觉积极性原则

自觉积极性原则是指在教师指导下，充分调动学生学习的自觉积极

性，发挥学生的主体作用，培养学生自主性和创造性，把认真完成学习任务变成自觉的行动。自觉积极性要求学生在学习和锻炼时首先要有明确的学习目标和锻炼目标，能做到“我要学”而不是“要我学”，做到“我要练”而不是“要我练”。在明确学习和锻炼目的的基础上，认真选择适宜的学习和锻炼内容、方法，在教学的过程中要时刻利用各种方式方法调动练习者的自觉积极性，鼓励学生克服学习中遇到的各种困难和挫折，提高学生自觉努力的意识，使学生在学习和锻炼后有一种成就感，以激发学生的学习热情和锻炼兴趣，调动学生的主动性和自觉性。

贯彻和运用自觉积极性的基本要求是：

（1）使学生明确学习的目的和任务。

（2）发挥教师的主导作用，同时师生之间要建立民主平等、情感融洽的和谐氛围。

（3）培养学生自学、自练、自评的能力。

（4）启发学生学习和练习的兴趣，鼓励结伴或集体练习，以便互相观摩，互相纠正。

二、直观性原则

直观性原则是指教师或教练在教学和训练过程中，利用学生的各种感觉器官和已有经验，通过多种直观方式的感知，使学生对技术练习获得生动的表象，从而通过掌握所学的知识、技术和技能，培养学生的观察能力并发展他们的思维能力。要建立完整、正确的动作概念，就必须综合地运用身体的各种感觉器官来感知所学技术。除了用听觉和视觉来感知动作的形象，以及空间和时间的关系，还要用触觉和肌肉的本体感觉来感知动作的要领，如肌肉的用力程度、方法等，这样才能取得良好的学习效果。

贯彻和运用直观性原则的基本要求是：

（1）在运用直观方式时，要有明确的应用目的，应根据教学和训练的具体内容、教材性质和动作技能形成的不同阶段，有区别地加以运用。

（2）直观手段很多，主要是教师的技术示范、口令提示、生动形象的语言讲解，还有图像、幻灯、动作电影、实况录像以及各种可利用的措施。

（3）善于引导学生观察和激发学生积极思维的能力。

三、从实际出发的原则

从实际出发是指在确定教学和训练任务、内容、组织教学和训练方法及运动负荷的安排时，要符合学生的年龄、性别、身体形态、技术水平、运动能力、身体发育水平，亦应考虑教学和训练的场地、器材、设备以及班级人数等实际情况。

贯彻和运用该原则的基本要求是：

（1）深入了解学生的一般情况和个性特点。在教学和训练中要特别注意区别对待、因人施教、因材施教，安排相应的技术作为重点学习目标，以便发挥其特长和优势。

（2）从客观条件和实际情况出发。如对领会掌握动作快的学生，要防止学习得不到满足时所出现的消极情绪，对掌握动作慢的学生，要耐心帮助，多给予辅导的机会，保证其最终掌握技术动作。

（3）面向全体，兼顾个体。如对女学生要强调劲力，防止松懈，要合理安排月经期间的练习。

四、系统性原则

教学与训练的全过程从初级到高级，到出现优异成绩，都应按照一定的顺序持续地进行训练。此即为系统性原则。

贯彻和运用系统性原则的基本要求是：

（1）严格贯彻大纲和计划的目标和要求，尤其在技术教学过程中，要系统讲解每一个动作的特点和用途，及与其他动作组合运用的规律，提高运用防卫技术的能力。

（2）要做到由易到难、由简到繁、由浅入深，循序渐进地逐步提高，要坚持经常、持之以恒。

五、从难、从严、从实战出发的原则

从难、从严、从实战出发的原则是指，在近似实战的环境中，在艰苦严格的训练中提升自身战斗力水平，以实战需要为唯一标准，不断加大难度强度，进行近似实战的严格训练。

贯彻从难、从严、从实战出发原则的基本要求是：

（1）从难，是指练习过程中强调技术的科学性和训练手段的实效性，在不同条件下进行从难训练。

（2）从严，是指练习过程中严格要求练习者的所有行为和思想，对练习者的技术观念、练习作风、纪律表现、训练情况以及思想问题都要严格要求，严格把关。在教学与训练中，从严重点表现在对练习的数量和质量的严格要求。

（3）从实战出发，就是要用实战的要求指导和推动训练，不断进行大强度和高密度的对抗练习，最大限度地缩小训练与实战的差距，全面提高学生的防卫能力。在教学和实践中，每一个基本动作，都要从实战的需要出发，而且要在实战中去检验。一切不符合实战要求的花架子都应予以纠正。

第二节　教学与训练的要求
（Requirements of teaching and training）

一、培养学生良好的武德和社会责任感

所谓武德，即武术道德，是从事武术活动的人在社会活动中所应遵循

的道德规范和所应有的品质。在教学过程中要始终把武德教育放在首位，通过武德教育可以培养学生尚武崇德、尊师重道、讲礼守信、见义勇为、不凌弱逞强等优秀品质，比如从规范学生的言行举止抓起，从身边生活小事一点一滴抓起等，树立正确的习武观和良好的社会责任感。

二、重视基本功的练习，突出攻防技击性，制订切实可行的教学计划

要想学会和掌握武术防卫动作，就要重视基本功和身体素质的练习。如果没有相当的力量、速度、柔韧以及功力等素质基础，一些实战性的技击动作就无法完成。武术防卫的核心是离不开攻防技击性的，所以在教学中，教师必须结合动作的攻防性质讲解示范、分析动作，理解运动方法的技击意义；制订切实可行的教学计划。教学计划一般应包括以下几项内容：①培养目标；②学制；③基本要求；④课程设置与教学内容；⑤总时数分配、各学期课程时数分配与选修课安排表。

三、根据每个人的不同特点，甄选有效的技术动作

武术谚语讲，“不怕千招会，就怕一招精”。每个人的身体条件各不相同，有高、矮、胖、瘦和素质好差之分。教师在教学过程中要方法灵活，因人施教。每个人的思想各有不同，决定了不同的处理问题的方法和观点，这就出现了不同的招式、招法会受到不同人的偏爱。有人喜欢强势对决；有人喜欢迂回麻痹对手，然后再进攻防卫；有人在被逼无奈的情况下愤然回击；有人喜欢指上打下；有人喜欢先拿后打等。在实践教学和训练中应根据每位学生的身体条件和自身特点，扬长避短，采取不同的方法进行训练，使每位学生都练就一种适合个人身体特点的“防卫绝招”，在关键时刻发挥出事半功倍的效果。

武谚解释：

不怕千招会，就怕一招精。技击讲究实效和拿手的绝招。绝招并不是什么很少见的、很奇特或很复杂的动作，它可能是一个直拳，是一个弹踢腿，或是快速反关节，动作简单，但很实用。故习练防卫技能时宁可少而精，不可多而松。

四、做好课终讲评

课终讲评是训练结束前的最后一项内容，讲评的目的是肯定训练成绩，指出训练中的不足，提出课下复习的要求。好的课终讲评可消除训练带来的疲劳，鼓舞士气，提高课后复习的积极性。课终讲评通常包括以下内容：

（1）重述课目、目的、内容。

（2）评价训练效果，表扬好的方面和好人好事。

（3）指出训练中存在的问题和克服的方法以及今后努力的方向。

（4）预告下次授课的内容、地点，应携带的器材、物品和课下复习、预习的内容等。

第三节　心理素质训练的方法
（Training methods of psychological diathesis）

人的心理素质一方面是与生俱来的，另一方面是通过后天的训练和培养形成的。在防卫实战技击中，绝对不是单凭体力和技术去赢取胜利的，人的心理因素往往在关键时刻起着决定性的作用。武术谚语有“一胆、二力、三功夫”和“艺高人胆大，胆大艺更高”之说，兵书上也有“兵无胆气，虽精勇无所用也。故善练兵者，必先练其胆气”之说。这些都充分说明了过人的胆量是防卫者必备的素质，特别是在与犯罪分子搏斗中，若胆小怕事，缩手缩脚，战胜对手的自信心和勇气不足，就会出现畏惧、惊慌、失望和动作反应迟钝等现象。因此，具备良好的心理素质是应用武术防卫技术的根本保障。

一、自我意志品质训练

发展和完善实现自我意志行为，培养不达目的不罢休的顽强精神，并努力去克服自我行为中所出现的各种不良身体状况。为自己制订一套切实可行的日训练计划和阶段性训练计划，包括身体素质和技术动作两部分内容，并订出各项所要达到的指标数，要符合自己的身体情况，不可过高或过低，在完成一个阶段训练计划后，根据实际情况再调整制订下一阶段的训练计划。在完成每一练习时，必须按要求达到计划指标，特别是在训练困难时更要把握住自己完成计划指标的程度，对选定的一个目标或根据训练具体要求“全力再做几次”，用这种自我暗示刺激来激发自己完成训练，不能有拖欠训练的现象，否则难以培养良好的心理意志品质。

二、注意集中训练

注意集中训练是使学生学会全神贯注于一个确定目标或任务上，不被任何外来干扰和内心杂念分散注意力。采用的练习方法有：

（1）打坐：盘腿而坐，双腿叠加，双手放在膝盖上，五心朝天（即手心、脚心、百会），双目微闭，舌尖轻抵上颚，宁静身心，自然、伸长的细呼吸，身体形态像一个金字塔状，意守下丹田，便可渐入意境。长期的坚持打坐，人的身体就会健康，思想就会宁静，头脑就会清醒，还能开发人的智慧，激发人的潜能。

（2）视觉守点法：心平气和，保持深长的自然呼吸，任选一个物体（如点燃的香烛）对其仔细观察几秒后，闭上眼睛仔细回忆所观察的目标的形状和特征。

（3）视觉追踪法：以空中飞翔的鸟类或钟表的秒针为对象，注视其转动，时间逐渐增长。

（4）意守法：把注意力集中到所要完成的动作或某项活动上去，不受外来因素的干扰，如在环境嘈杂的情况下仍用心地去读书或者练功。

三、情绪自我调节训练

培养自我良好的心境以适应突发事件时的需要，就是要学会如何调节和控制自己肌肉的紧张和放松，心情的平静和激动，以及情绪的积极调动和克服消极情绪的能力。采用的练习方法有：

（1）静位站立：两臂放松下垂，体会自己身体肌肉群的紧张和放松过程。在体会前臂肌肉的紧张收缩时，上臂肌肉（肱二头肌、肱三头肌）应尽量放松，不受前者紧张时的影响，身体各部位肌肉群都可以这样相互协同地练习。

（2）自我暗示：暗示是指用含蓄、间接的方式，对人的心理和行为产生影响的过程。其作用往往会使人不自觉地按照一定的方式行动，或者不加批判地接受一定的意见和信念，还能引起人们的生理变化。积极的暗示能树立自己战胜困难的信念，集中注意，稳定情绪，坚定意志；而消极的暗示很容易动摇自己，怀疑自我，分散注意力，情绪波动，动摇意志。积极性暗示应运用积极、肯定的语言，如“放松”“镇定”“稳住”“我一定能做得到”等，避免“不要紧张、别慌、不要害怕”等消极、否定的暗示。

（3）自我控制训练：自我控制可以使自我身心获得或保持有实效的动作行为，增加自身防卫成功的可能性。自我控制主要是调节自身焦虑，增强自我信念，控制自我情绪，梳理自己的思想，能理智地处理问题。当遇到危险情况时，重要的一点就是要克服自己的焦虑，稳定自己不安的情绪，应将焦虑心情变成动力，不能冲动蛮干，想想对方的动机是什么，分析其心理状况如何，怎样稳定住对方冲动的情绪？暗示自己一定能制伏对手，一定能摆脱危险困境，以此来控制自己。

（4）实战心理训练：通过情景训练以提高自我的战术思维能力，培养面对危险情况时的应对能力和应用技术的实战能力。如在面对犯罪分子时保持平稳的心理，临阵不乱，并能使用巧妙的语言去缓和或减弱犯罪分子的冲动情绪，要经过长时间的情景（模拟演练）训练才能达到。

武谚解释：

艺高人胆大，胆大艺更高。艺是对技艺、技术和技能而言，胆则是指坚强的斗志和良好的心理素质。只有掌握了过硬的功夫和防卫技能，才能有制胜信心，信心足则气胜胆壮，气胜胆壮又能使武技得以发挥，甚至超水平发挥。

第四节　准备活动与放松
（Warming-up exercises and relaxing）

做好每次训练前的准备活动和训练后的放松，对减少运动损伤和防止肌肉僵化、提高肌肉的弹性以及舒缓筋骨有着重要的作用。准备活动分一般性准备活动和专项性准备活动，一般性准备活动包括跑步、徒手操、游戏等；专项性准备活动，主要是与教学和训练基本部分有关的肌肉群、关节、韧带以及各系统机能的活动，其内容要根据训练的计划而定。具体应按照以下几点要求进行：

（1）活动时应按照由上至下或由下至上的顺序，将人体的各个部位充分活动到最佳状态。

（2）准备活动量的大小和时间的长短，可因气候、因地、因人而异，活动时间一般为10~15分钟；在运动中若间歇时间过长或训练转项时，都要补做准备活动或补做专项准备活动。

（3）对运动中负担较大和易伤的部位，要特别注意做好准备活动，适当加强力量性和伸展性的练习；对已伤部位的准备活动要谨慎小心，全套准备活动要循序渐进。

● 准备活动与放松的方法

（1）原地或行进间进行扩胸、振臂、转体和高抬腿跑等运动。

（2）慢跑800～1500米（这项运动不仅可以增强人的心血管功能，还可促使人的身体与精神逐渐进入战斗状态）或跳绳。

（3）膝部绕环（图2–1）、腰部绕环、颈部绕环、站立活动脚踝、手腕绕环。

（4）上体侧屈（图2–2）。

（5）体侧转腰（图2–3）。

图2–1

图2–2

图2–3

（6）肩绕环（图2–4）。

（7）单臂绕环：左脚向前一步成左弓步姿势，左手按于左膝上，右臂自然上举或垂于体侧，做划立圆绕环动作（图2–5）。左右交替进行练习。

（8）原地单提膝抱腿顶举（图2–6）。

（9）原地后掰腿压脚背接后展髋平衡（图2–7–1、图2–7–2）。

图2–4

图2–5

图2–6

图2–7–1

图2–7–2

（10）弓步压腿（图2–8）。

（11）仆步压腿两种方法（图2–9–1、图2–9–2）。

图2–8

图2–9–1

图2–9–2

（12）正压腿：面对肋木或一定高度的物体，一腿支撑，另一腿提起，脚跟放在肋木上，脚尖勾起，两手扶按膝上，两腿伸直，挺胸，直背，坐胯（放在肋木上的腿，胯部向后下坐），上体前屈，眼看脚尖，直体向上、向前下压振（图2–10–1）；逐渐加大幅度，先以前额、鼻尖触及脚尖，然后过渡到下颏触及脚尖（图2–10–2）。

图2–10–1

图2–10–2

（13）侧压腿：方法同正压腿，但要求是挺胸、直腿、直背、开胯（髋关节外展，图2–11）。

（14）后压腿：两腿挺膝，支撑脚脚趾抓地，挺胸，展髋，腰向后屈（图2–12）。

图2–11

图2–12

（15）运动按摩：大运动量训练后不要一结束就停下来休息，这样大脑会因心脏供血不足而出现头晕、恶心、呕吐、休克等缺氧症状。因此，剧烈运动刚结束时应做些放松调整活动，具体方法除有慢跑、自我拍打、意念导引法外，主要以运动按摩为主。运动按摩会促使练习者肌肉得到放松，缓解疲劳，改善体内循环代谢，加速体能恢复。有条件者可找专业按摩师或同伴相互配合，主要按摩部位有四肢、躯干、头部等肌肉部位和穴位。按摩方法一般采用揉捏、抚摩、推压、按压、摇晃、抖动等手法，用力由重到轻，注意避免手法不当，产生损伤。

第三章　武术防卫基础知识

（Basic Knowledge of Wushu Defence）

学习目标

1. 了解人体骨骼、肌肉的基本特征，掌握人体易控关节、要害部位
2. 学习预防创伤和急救处理常识，并能在实践中运用
3. 学习掌握武术防卫基本动作要领

第一节 人体简要解剖知识

（Basic knowledge of human body dissection）

了解人体的站立方位，人体骨骼、肌肉，以及易控关节、穴位等薄弱部位，不仅关系到保存自身战斗力和生命安危，而且还关系到能否有效地削弱对方战斗能力，因此，在学习武术防卫技术和实战时，首先要了解人体构造和功能，对切实掌握防卫技术，增强防卫技能大有益处。

一、人体的站立方位

人体的站立方位，如图3–1所示。

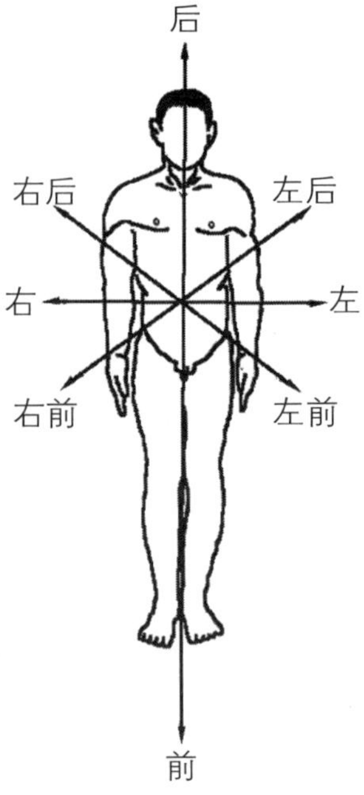

图3–1

二、人体骨骼

骨是人体内最坚固的结构，在有机体内起机械作用。正常成年人有206块骨，可分为颅骨、躯干骨和四肢骨三部分。全身各骨连接成骨骼，构成人体的支架（图3–2）。

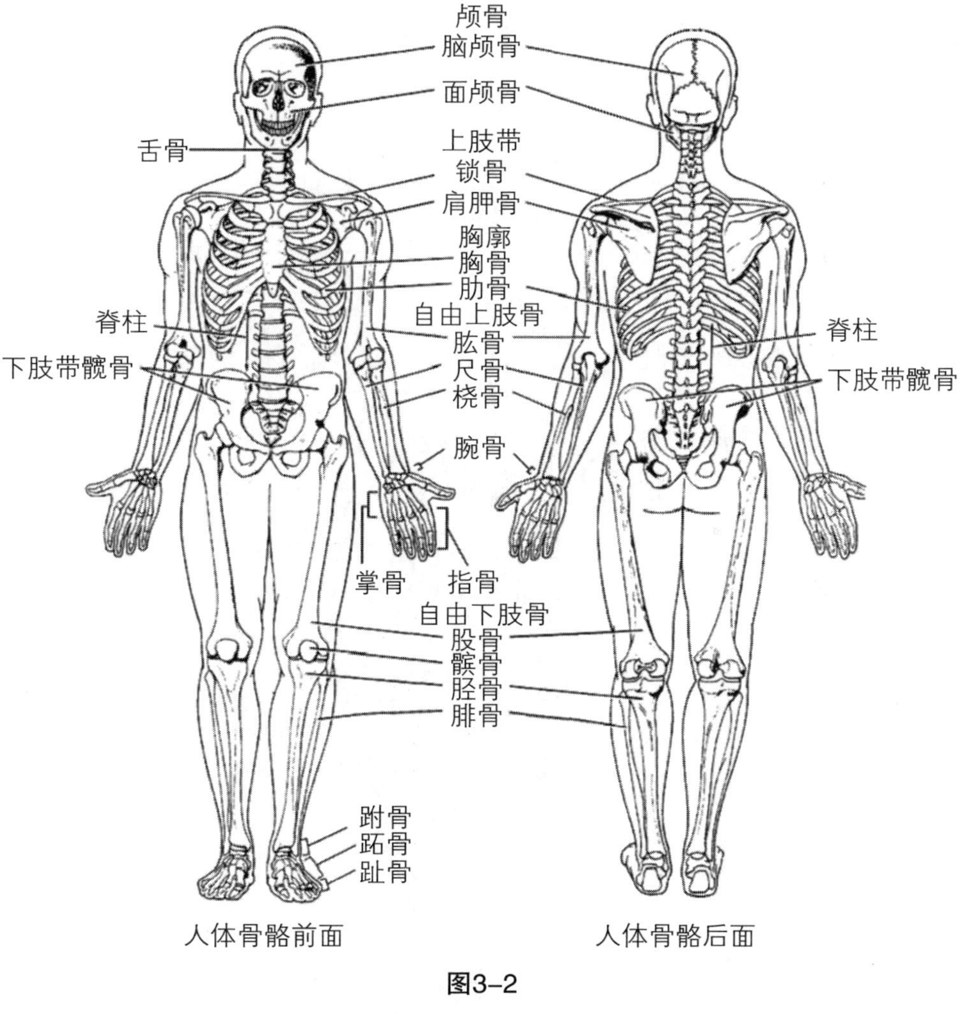

图3–2

颅　骨：面、脑颅骨22块，听小骨6块，舌骨1块。
躯干骨：椎骨26块，肋骨24块，胸骨1块。
四肢骨：上肢骨64块，下肢骨62块。

三、人体肌肉

肌肉在人体内的分布极其广泛，全身肌肉约有500余块（图3–3、图3–4），其重量占体重的40%，四肢肌肉则占肌肉总重量的80%。

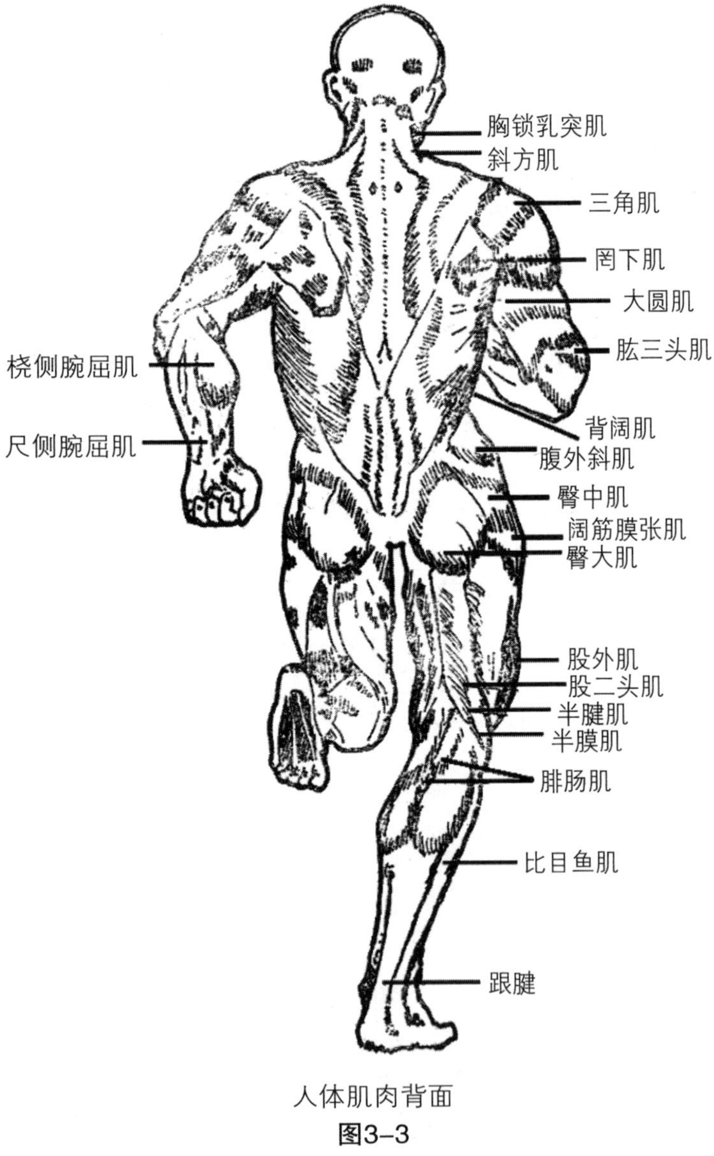

人体肌肉背面

图3–3

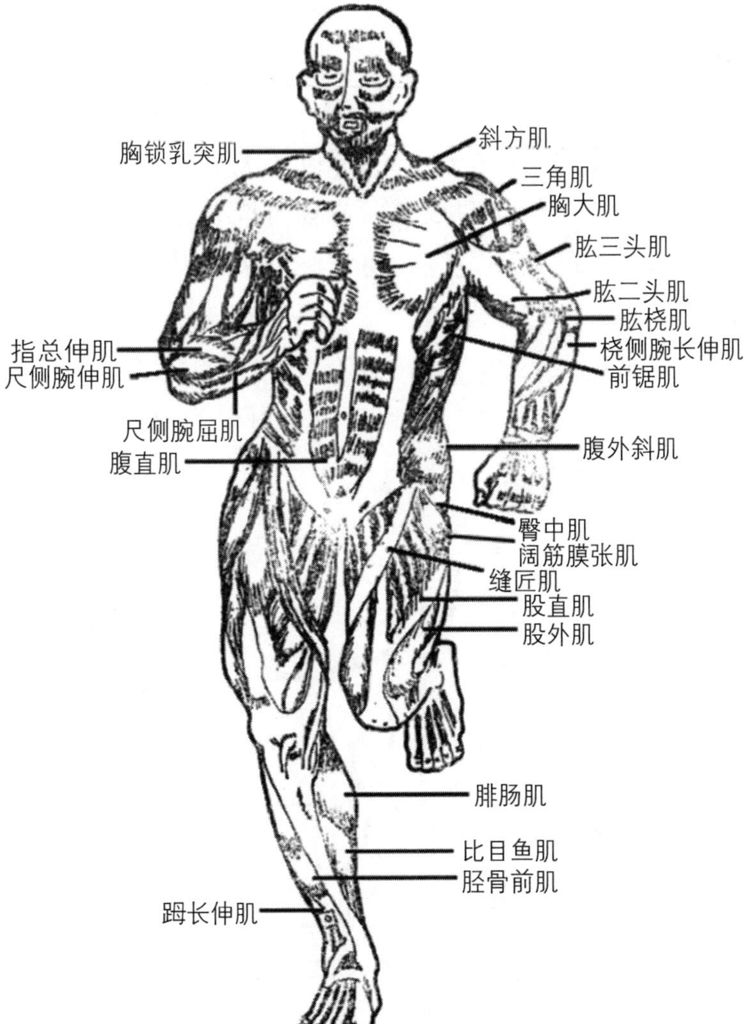

人体肌肉正面

图3–4

肌肉组织的基本特征是收缩和放松。收缩时长度缩短，横断面增大；松弛时则相反。肌肉收缩和放松是由神经系统支配而产生的。肌肉收缩引起的运动，是由肌肉附着在骨上的位置而决定的。关节周围的肌肉可单独收缩，也可联合收缩，各种各样的活动就是肌肉以各种方式联合收缩的结果。

四、人体易控关节

在人体中骨与骨相连接能活动的部位叫关节。人体关节受到超过生理限度的打击或压迫，就会造成脱臼或韧带撕裂，从而失去正常功能。熟悉和掌握人体关节的活动范围，对实施反关节及擒拿技术有着至关重要的作用。

人体易控关节主要有颈椎、肩关节、肘关节、腕关节、指关节、膝关节、踝关节等（图3–5）。关节的运动形式可分为5种，即屈伸、水平屈伸、外展内收、回旋和环转。

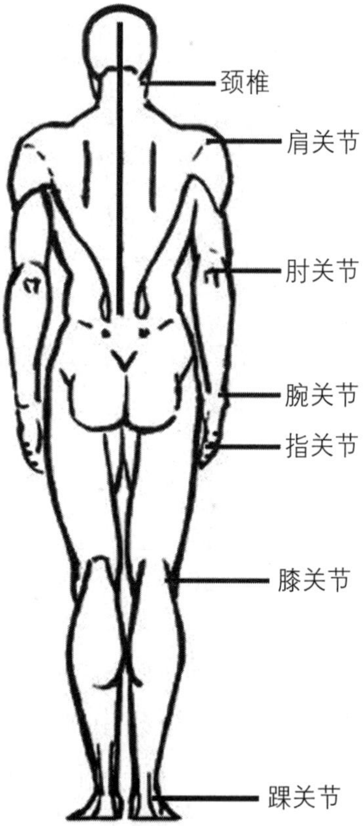

图3–5

●人体易控关节的运动功能和特点

（1）肩关节：它是人体中范围最大的关节。可做屈伸、外展内收、回旋和环转运动。如用力左右猛拧或向后扳至极点再施加压力，会导致脱臼或韧带撕裂（图3–6）。

（2）肘关节：它的活动范围较小，只能做屈伸和回旋运动。完全伸直时，由后施加压力或击打，会造成脱臼或韧带撕裂（图3–7）。

（3）腕关节：腕关节是由几个小关节联合构成的。活动范围较大，可做屈伸、外展内收和环转3种运动。各骨较小，8块腕骨主要靠韧带连接。如用力拧折，会造成骨折、脱臼或韧带撕裂（图3–8）。

（4）指关节：它的活动范围较小，只能做屈伸运动。伸直时，向后或两侧猛折会造成脱臼或骨折（图3–9）。

图3–6

图3–7

图3–8

图3–9

（5）髋关节：它可做屈伸、外展内收、回旋和环转运动。其结构比较牢固，运动幅度受到一定限制，一般不易损伤。

（6）膝关节：可做小腿屈伸运动。在小腿微屈后，可做微小的旋转运动。它伸直时由前方、侧方用力击打，会造成脱臼或骨折（图3–10）。

图3–10

（7）踝关节：活动范围较小，可做屈伸、外展（外翻）、内收（内翻）、环转运动。用力打击或拧折，会造成脱臼或韧带撕裂。

五、人体要害部位

要害部位是指人体遭受外力打击或挤压和强烈振动时，最容易造成昏迷、伤残、休克、致死，以及使某些组织器官、神经或肌肉发生功能性障碍的部位。了解和掌握了人体的要害部位，在防卫实战时就可以明确地使用技术打击对方身体的具体目标，也使自己知道要保护的身体部位。有的要害部位若被击中可达到一招制胜的效果，有的可使人暂时失去抵抗能力，所以在实际防卫应用时，一定要有击打要害的意识。

在武术中通常将人体划分为三盘：上盘为头部、颈部；中盘为颈部以下，腰部以上；下盘为腰部以下。其中包括人体的各个部分。

●人体要害部位（图3-11）

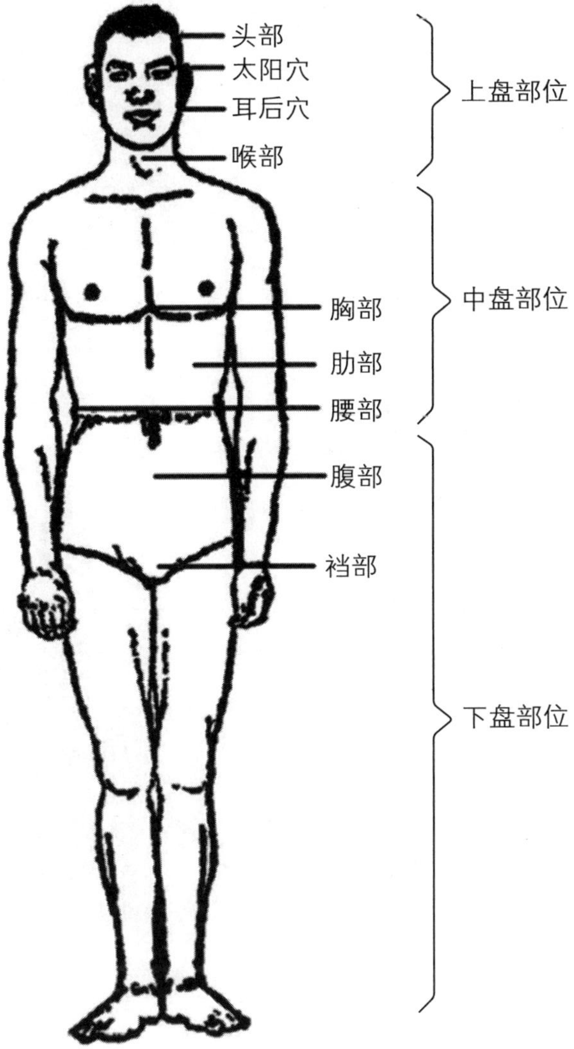

图3-11

（1）头部：头是人的主宰，是指挥所，集听、视、嗅、思维等器官于一体。眼睛是最薄弱的器官，轻者稍有创击便视物不清，重者则永久失明。脑是中枢神经的高级部位，其组织也非常脆弱，经受不起击打。眼鼻部三角区和面颊部，其神经血管分布相当丰富，痛觉极敏感。耳根部深层有许多血管和神经通过，受打击后容易导致血流不畅，或易引起颅底骨折、颅内出血。这些器官、部位如受到拳、肘、膝、脚或棍、棒等器械的外力击打，会疼痛难忍或丧失功能（图3–12）。

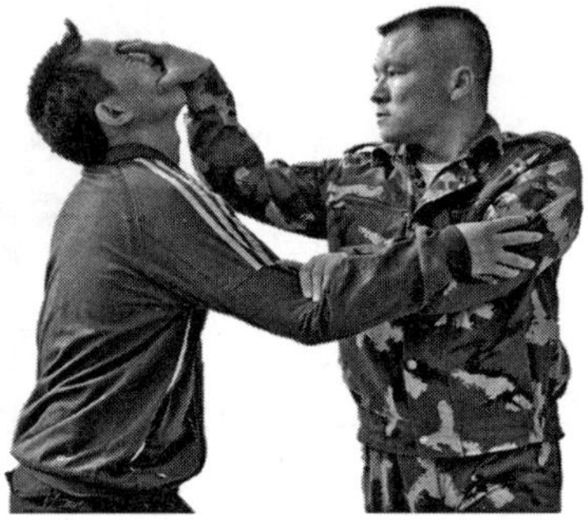
图3–12

（2）颈部：颈部是脊柱的一部分，因此也可做屈伸、侧屈、回旋和环转运动。颈部正中是咽喉，是生命要害部位。咽喉在食道上部和呼吸道上口，两侧附有颈部动脉血管，如受到掐、锁、挟、顶、卡压等外力打击，不仅使人呼吸困难，而且会导致血流不畅，使大脑供血困难，甚至得不到供血，从而使人头昏、窒息甚至猝死（图3–13）。

图3–13

（3）胸腔：胸腔内有心肺等重要器官。胸腔受到拳、掌、肘、膝等重力击打或压迫时，就会使心肺受到损伤，失去正常功能（尤其是我们俗称的“心窝”三角部位，图3–14）。

（4）肋部：共有十二对肋骨。由于肋骨细长，如受到拳、脚、肘等重力打击或压迫，可导致疼痛、骨折，甚至使内脏器官损伤，呼吸困难，失去正常功能（图3–15）。

图3–14

图3–15

（5）腹部：腹腔内有肝、脾、胃、肾、膀胱等重要器官，壁层腹膜神经末梢丰富，感觉非常灵敏。如受到拳、膝、脚等重力打击或压迫，可导致剧痛或昏迷及损伤，失去正常功能。

（6）腰部：腰部是连接人体上体与下体，维持身体正常姿态的重要部位，起着传导重力的作用。如由后受到拳、肘、脚、膝的猛力击蹬，腰椎、肾脏会失去正常功能（图3–16）。

图3–16

（7）裆部：裆部是指生殖器官，也是人体神经末梢最丰富的地方。如受到顶、撞、抓、踢等击打，会造成剧痛或死亡。

（8）腋下：腋窝下有丰富的神经组织，又有人体重要的内脏器官——肺脏。人体背骨、胸骨的防护，在这里恰巧形成交接空缺。腋下遭遇插掌、顶肘等打击，轻则疼痛憋闷难忍，重则吐血窒息（图3–17）。

图3–17

第二节　训练中的预防创伤和急救处理
（Prevention of injuries and first–aid in training）

由于武术防卫训练的不规则性，一般的运动损伤有时候是很难避免的。学习预防创伤与急救处理常识，能有效地提高训练效果，减轻身体受伤程度，在武术防卫的教学与训练中应引起足够重视。

一、训练创伤的预防

（一）科学、合理地安排训练

合理地安排教学内容之间的顺序。以教学效果看，一般应把新内容和复杂内容放在课程的前半部分，以使学生用饱满的精神和充沛的体力去完成较复杂和困难的任务，相反在学生疲劳时，仍进行一些高难度技术的练习，就容易造成创伤；实战搏击对抗时，水平悬殊或体重悬殊的对手在一起对练也会造成创伤；每次训练课前要仔细选择好运动场地，检查器械是否保险完好，清理场地障碍物也是预防创伤的根本。

（二）加强易受伤部位肌肉的力量

腕、踝、膝、髋关节等是人体薄弱环节，加强这些关节周围肌肉的力量练习，是预防关节受伤的有效手段之一。如加强股四头肌的力量，就可以减轻膝关节的负担，减少损伤；加强腰部的力量练习，可防止腰肌劳损及其他情况下腰部的损伤；多做俯卧撑式的指力练习，可防止指关节的损伤。对有伤病和女学生例假期间的训练则要合理安排其训练量。

（三）严禁在训练中嬉戏打闹

由于武术防卫技术本身决定了它非攻即防，双方直接相互击打抗争，训练时稍有不慎就有可能出现伤害事故，所以，在进行实战对抗练习及平常的练习时，学生必须认真对待每一个细节，严禁在训练课上嬉戏打闹。

二、常见的运动创伤和急救处理

（一）皮肤擦伤

小面积的皮肤擦伤，可用红汞水或紫药水涂抹局部，不需要包扎。关节面及附近的擦伤，可在擦伤处涂消炎软膏，最好用绷带或纱布包扎，不要暴露伤口，否则容易干裂而影响关节活动。大面积的擦伤，则要先用生理盐水清洗伤口，再用凡士林油纱布覆盖伤口，最后用纱布绷带包扎。

（二）鼻子出血

可用食指、拇指在鼻翼外面相对压迫，用口呼吸，一般数分钟后可以止血。有条件时，可用消毒脱脂棉卷成小团，塞进出血鼻孔内，再在鼻翼外稍加压迫，则止血效果更佳。用冷毛巾或冰袋对额部进行冷敷，也可以起止血的作用。

（三）肌肉、韧带拉伤、撕裂

当肌肉和韧带主动收缩超过了负担能力或被拉长超过了一定的伸展性（极限）时，就会造成肌肉、韧带细微损伤、部分撕裂或完全断裂，称为肌肉或韧带拉伤。对此要及时冷敷患处，并用有效的药物涂敷，再将适当厚度的棉花或海绵置于患处，然后用绷带进行加压包扎、固定。伤情严重的要及时送往医院处理。

（四）关节脱位

关节脱位也称脱臼，是指关节面之间失去正常的联系。在发生关节脱位时，由于暴力作用，还可伴有关节囊撕裂，关节周围软组织损伤，严重时还可伤及神经或伴有骨折。在武术防卫训练中，常见的有肩关节脱臼和肘关节脱臼两种。通常需要及时采用复位手法进行治疗，但其方法仅适合有一定经验的人使用。一般情况下，最好还是送往医院治疗，以免耽误治疗时机，造成遗患。

（五）骨折

所谓骨折，就是骨的完整性遭到破坏。武术技击中直接的踢打或摔倒时，因倒地不当或受到砸压等容易造成骨折。

1. 开放性骨折

对这种伤者应先止血，伤口消毒，用无菌巾包扎，并作临时固定，然后转送医院治疗。不要将突出于创口外的骨端回纳，以免感染。

2. 简单的闭合性骨折

应在最短时间内把伤员送往医院施行整复手术。凡伤处未经固定处理均不可搬动，以免加重损伤或发生休克。

（六）脑震荡

脑震荡是颅脑损伤中最轻的一种急性闭合性损伤。一般是指头部遭受暴力重击作用后，脑的神经组织被震荡而引起大脑暂时性的意识和机能障碍。此时，要先检查运动员的两眼瞳孔，看一下左右瞳孔是否对称一致。如发现一大一小，说明已经脑震荡，须送往医院急救。即便是轻微脑震荡，至少一个月内不能参加高强度训练。应在短期内保持卧床休息，严密观察。

（七）裆部、睾丸的严重挫伤

对此类伤害，一定要进行检查。首先看外部是否出血，再看睾丸是否进入腹腔。如有此两种情况应送至医院治疗。一般的裆部被击中，可采用一人抱住伤者腰部，自己托住裆部上跳的方法进行缓解。

（八）休克

休克是指人体在遭受体内外各种强烈刺激后所发生的严重全身性综合征，以急性周围循环衰竭为主要特征。由于有效循环血量绝对或相对地明显减少，使组织器官缺氧，发生一系列的代谢紊乱，造成恶性循环，如不及时处理，轻者呼吸受阻，重者会窒息死亡。具体的处理方法是：

（1）应立即让伤者处于正确体位，将头和躯干抬高10°，下肢抬高20°，以增加回心血量，改善脑部血流和缺氧状况。

（2）给伤者盖上棉被等保暖衣物，以免受凉而并发其他病症。

（3）要迅速清除伤者口腔内的呕吐物、血块，将舌头牵出，以保持呼吸道的畅通。对昏迷者掐人中穴，对呼吸发生障碍者，做人工呼吸，对危重伤者应立即送往医院急救。

第三节　基本手型、步型、五步拳
（Basic hand form, step form and five-step boxing）

一、基本手型

（一）拳

四指并拢蜷屈紧握，拇指紧扣于食指和中指的第二指节上，拳面要平，手腕要直。

拳通常在运用时可分为立拳（图3-18-1）、俯拳（图3-18-2）、仰拳（图3-18-3）三种。一般用拳面、拳背、拳心击打要害部位。

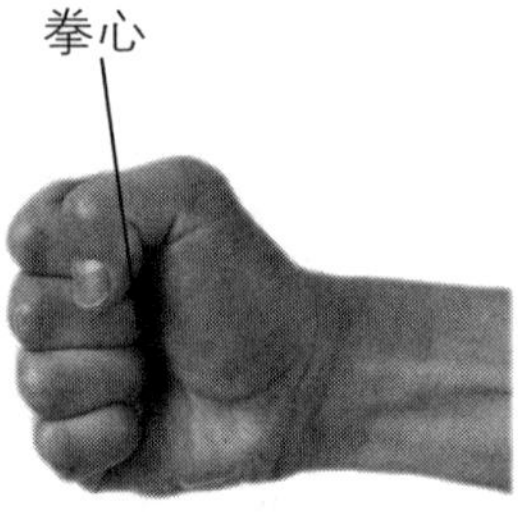

图3-18-1

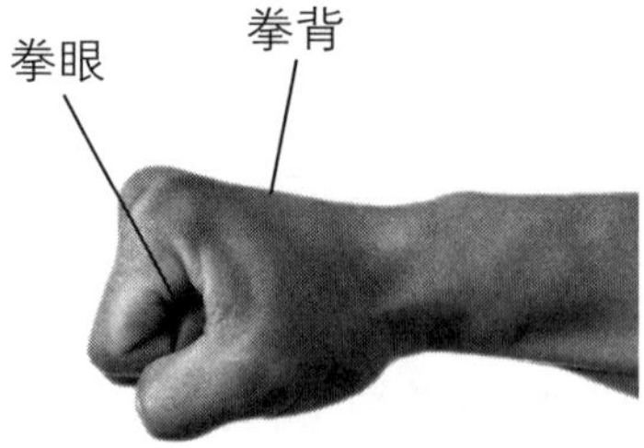

图3-18-2

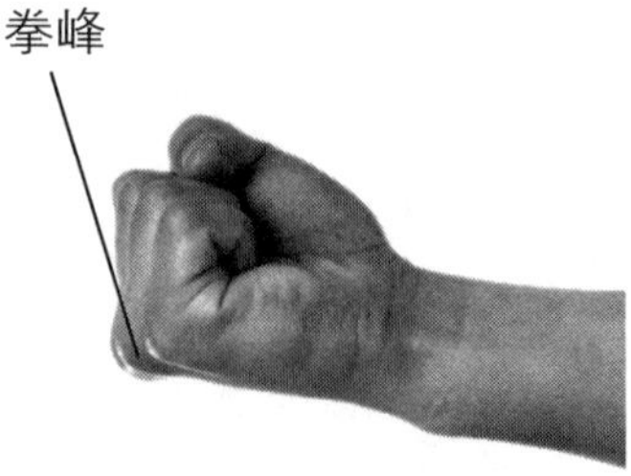

图3-18-3

（二）掌

四指并拢伸直，拇指弯屈紧贴于虎口处。

掌通常在运用时可分为立掌（图3–19–1）、插掌（图3–19–2）、横掌（图3–19–3）、八字掌（图3–19–4）、分指掌（图3–19–5）。多用于推、插、切、截、砍、抓、弹、拍等动作。

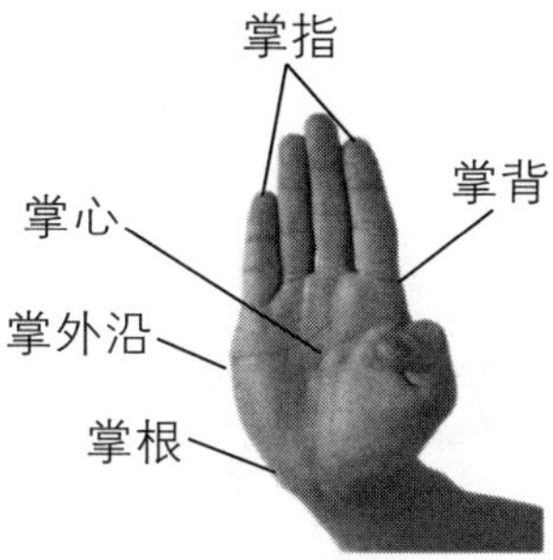

图3–19–1

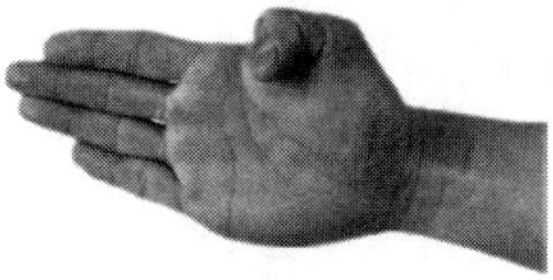

图3–19–2

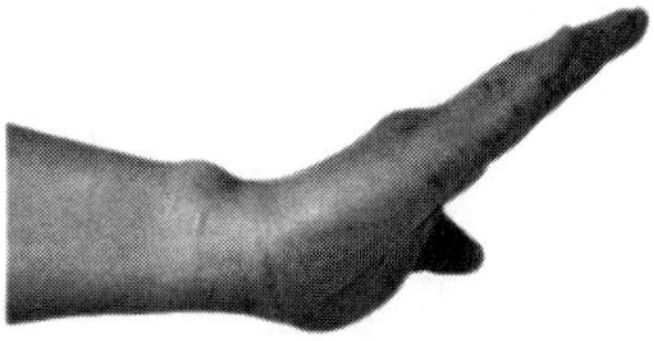

图3–19–3

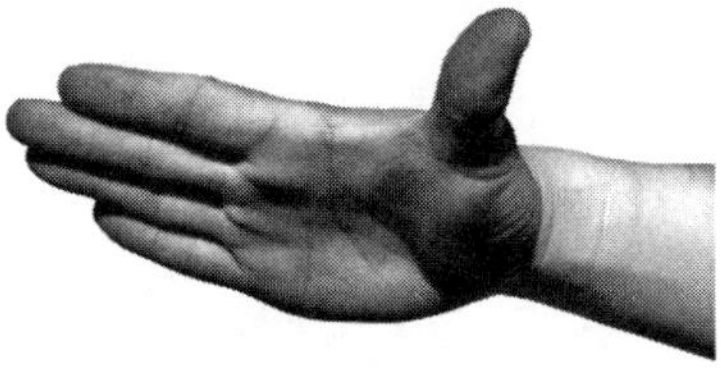

图3–19–4

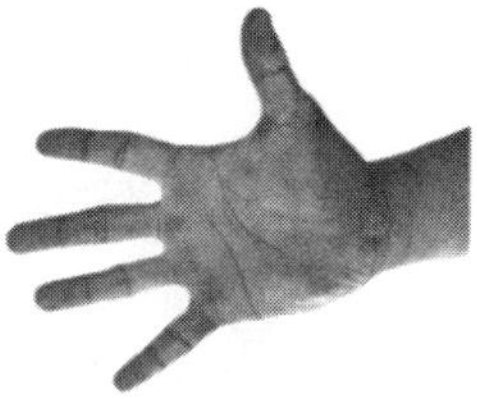

图3–19–5

（三）指

食指与中指伸直分开，呈剪刀状，大拇指弯曲压于无名指、小指的指甲上（图3–20）。

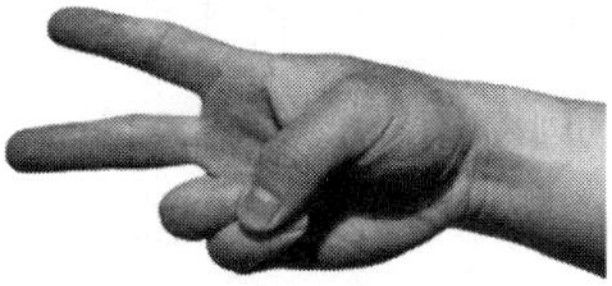

图3–20

（四）扣手

五指微屈张开，手心成圆形（图3–21），多用于抄抱腿、抓、掸、拍、压等动作。

（五）勾

五指第一节捏在一起，屈腕（图3–22），多用于勾挂、顶、啄等技法。

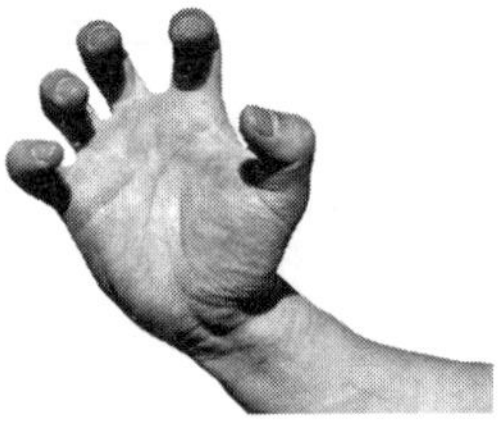

图3–21

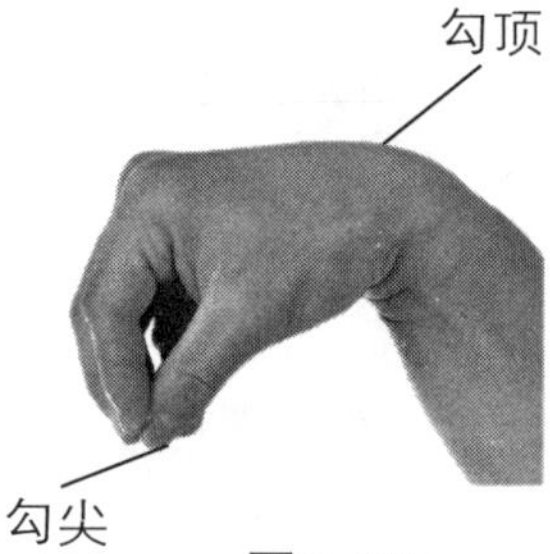

图3–22

二、基本步型

（一）弓步

武术防卫训练中基础步型之一。两脚前后开立，前脚尖微内扣，全脚掌着地，屈膝半蹲，大腿略水平，膝盖不超过脚尖；另一腿挺膝伸直，脚尖内扣向斜前方，上体正对前方，两眼向前平视。武术谚语有："前腿弓，后腿绷，挺胸沉胯莫放松"（图3—23）。

图3–23

（二）马步

武术防卫训练中基础步型之一。两脚左、右平行开立（距离略比肩宽），脚尖正朝前，两腿屈膝下蹲，大腿略水平，膝盖不超过脚尖，身体重心落于两腿之间，两手抱拳于腰间。武术谚语有："左右并立三足宽，双腿水平如坐鞍，挺胸塌腰向前看，稳如泰山人难撼"（图3—24）。

图3–24

（三）仆步

两脚左右开立，一腿屈膝全蹲，脚尖向前，大腿和小腿贴紧，膝关节外展，另一腿挺直平仆，脚尖内扣，两脚全脚掌着地，两手抱拳于腰间。挺胸，塌腰，沉髋，两眼平视仆腿前方。仆左腿为左仆步，仆右腿为右仆步（图3–25）。

图3–25

（四）虚步

两脚前、后开立，后脚外展约45°，屈膝半蹲，前脚脚跟抬起离地，脚尖虚点地面，稍内扣，微屈膝，重心落于后腿上，两手抱拳于腰间。挺胸，塌腰，两眼向前平视。左脚在前为左虚步，右脚在前为右虚步（图3–26）。

图3–26

（五）歇步

两脚交叉靠拢全蹲，右脚全脚着地，脚尖外展。左脚前脚掌着地;膝部贴近左膝外侧，臀部坐于左腿接近脚跟处，两手抱拳于腰间。眼向侧前方平视（图3–27）。

图3–27

（六）骑龙步

一脚向斜前方迈一步，全脚掌着地，脚尖内扣，膝关节微屈，后脚前脚掌着地，脚跟抬起，脚尖内扣，膝关节弯曲，两髋内合，重心落于两腿之间，上体微前屈，两手抱拳于腰间，两眼向前平视，左脚在前为左骑龙步，右脚在前为右骑龙步（图3–28）。

图3–28

（七）独立步

一腿伸直，支撑重心，另一腿屈膝提起，脚面绷直，脚尖朝下，两手屈肘抱拳于腰间，收腹，立腰（图3–29）。

图3–29

（八）丁步

并步站立，两腿屈膝半蹲，右脚全脚掌着地，左脚脚跟提起，脚尖里扣并虚点地面，脚面绷直，贴于右脚内侧，重心落于右腿上，两手抱拳于腰间，两眼向前平视（图3–30）。左脚尖点地为左丁步,右脚尖点地为右丁步。

图3–30

三、五步拳

五步拳是综合3种手型、5种步型，并结合冲拳、架冲拳、盖掌、穿掌、挑掌等手法以及提膝、弹腿等腿法的最基本套路练习，有利于增进身体的协调性，掌握动作规格，对初学者尤为重要。

（一）预备姿势——并步抱拳（图3-31-1、图3-31-2）

在立正姿势的基础上，两掌变拳屈肘收抱于腰间，拳心向上，同时头向左摆，目视左前方。

图3-31-1

图3-31-2

要点：抱拳与摆头要一致。

（二）弓步冲拳

左脚向左迈出一步成左弓步，同时左手向左平搂并收回腰间抱拳；右拳向前成平拳直线冲出，目视前方（图3-32）。

要点：蹬地转腰与搂手冲拳要连贯协调。

图3-32

（三）弹腿冲拳

重心前移，右腿向前弹出，高度齐腰；同时左拳由腰间向前成平拳直线冲出，右拳收回腰间，目视前方（图3–33）。

要点：拧腰顺肩，挺胸收腹，上下配合协调一致，弹腿冲拳要有爆发力。

图3–33

（四）马步架打

右脚落地，随即身体左转90°，两腿屈蹲成马步。同时左拳变掌，屈臂上架；右拳由腰间向右前成平拳直线冲出。头右转，目视右前方（图3–34）。

要点：右脚下落成马步时，要以左脚跟和右脚掌为轴拧转，冲拳要拧腰沉髋，力达拳面。

图3–34

（五）歇步盖打

左脚向右脚后叉一步，同时右拳变掌经头上向左下盖，高与胸齐，掌外沿向前，身体左转90°，左掌收回腰间抱拳，目视右掌；随即两腿屈膝下蹲成歇步，同时左拳成平拳向前直线冲出，右掌变拳收于腰间，目视左拳（图3–35–1、图3–35–2）。

图3–35–1

图3–35–2

要点：歇步两腿靠拢，后膝紧贴前小腿外侧。下步冲拳要上下一致。

（六）仆步穿掌

两腿起立身体左转，随即左拳变掌，手心向下，右拳变掌，手心向上，由左手背上穿出，同时左腿屈膝提起，左手顺势收至右腋下，目视右手；左脚落地成仆步，左手掌指朝前沿左腿内侧穿至左脚面，目视左掌（图3–36–1、图3–36–2）。

图3–36–1

图3–36–2

要点：提膝要站稳，仆步时重心落于后腿，要塌腰开胯，两臂尽量伸展。

（七）虚步挑掌

左腿屈膝前弓，右脚踏地向前上步成右虚步。同时左手向后划弧成正臂勾手，勾顶略高于肩；右手由后向前顺右腿外侧向上挑掌，掌指向上，高于下颏，目视前方（图3–37）。

图3–37

要点：重心前移时，须保持身体平稳，虚步要虚实分明。

（八）并步抱拳

重心前移，身体左转90° 。随即左脚向右脚靠拢，成并步。同时两手变掌经胸前交叉向上向外划弧收拳于腰间，目视前方（图3–38–1、图3–38–2）。

要点：提膝要站稳，仆步时重心落于后腿，要塌腰开胯，两臂尽量伸展。

收势：左脚向右脚靠拢，并步抱拳收势。

继续练习，动作相同，方向相反。

图3–38–1

图3–38–2

第四章　武术防卫基本技术与应用

（Basic Techniques and Application of Wushu Defence）

学习目标

1 掌握实战姿势与步法的基本要领及特点

2 掌握各种攻防技术的要领和方法

第一节 实战姿势
(Gestures in actual combat)

实战姿势，即预备姿势，是根据人体的运动规律和搏击的特点，以实战经验总结而形成的。其优点是重心稳固，暴露面小，起动灵活，出击迅速，利于进攻和防守。

一、高姿实战姿势

两脚开立，距同肩宽，两手握拳，前后拉开，拳眼均朝斜上，左手臂弯屈，肘关节夹角在90°~110°之间，左拳约与下颏同高，右手臂关节夹角小于90°，前臂与上臂紧贴于右侧肋部，身体侧立，下颏微收，含胸收腹，口齿闭合，两眼目视对方双肩，余光环视全身（图4-1）。

图4-1

注：正架为左手左脚在前；反架为右手右脚在前。学生可根据自己习惯和爱好，选择适合的一种实战姿势作为最初学习的定势，本书的示范动作均以正架为例。

二、低姿合掌势

左虚步开立，两臂交叉合抱，左臂自然伸直于左腹前，右臂屈于胸前，右掌（拳）斜立于左肩前，沉肩垂肘，含胸收腹，微收下颏，目视对方（图4–2）。用于对付善用腿法进攻我中下盘的对手。

图4–2

三、低姿分掌势

左虚步开立，两臂自然左右分开，左臂微屈向下，左掌按放于左髋前，右臂弯曲向上，右掌（拳）上举于头部右前方，上体正向或斜向对方，含胸收腹，微收下颏，目视对方（图4–3）。这种姿势有意暴露空隙，诱对手进攻，便于防守反击。

图4–3

注：如果初学者想根据自己的体形或对手等条件来调整这个预备姿势，千万不要急于求成，后面有的是机会，刚开始时掌握好这个预备姿势，以此为基础，再进行下一步的训练内容。当进行到攻防训练时，初学者就会领悟到基本姿势的重要性。

第二节　步法与训练
（Step position and training）

“步慢则拳（脚）慢，手到脚到方为妙”。在防卫实战过程中，拳脚等攻防技术的运用是通过迅捷、灵活的步法移动来完成的，步法在实战技击中具有重要的作用。

武谚解释：

步慢则拳（脚）慢，手到脚到方为妙。是指步法的不稳、不活、不快、不粘，是造成拳、腿法散漫无章的重要原因。同时步法起着调动周身各个部位，实施各种技击战术的重要作用。

一、前进步

在实战姿势的基础上（以下均同，图4-4），后脚蹬地，前脚先向前进半步，后脚紧接跟进半步（图4-5-1、图4-5-2）。

图4-4

图4-5-1

图4-5-2

要点：前进步时步幅不宜过大，步法衔接要快，身体上下要协调，随时保持好重心。

二、后退步

前脚蹬地，后脚先后退半步，前脚再回收半步（图4-6-1、图4-6-2）。

图4-6-1

图4-6-2

要点：同前进步。

三、上步

后脚轻擦地面，经前脚前上一步，身体左转，左脚以前脚掌为轴内转，同时两手前后交换，成反架姿势（图4-7）。

要点：上步时身体不能前后摆动，上步与两手交换要同时进行。

图4-7

四、插步

后脚经前腿后叉一步，脚跟离地，两脚略呈交叉（图4–8）。

要点：插步时身体尽量不要转动，左侧面仍与对手相对。

图4–8

五、跨步

左脚向左侧跨半步，右脚略向左脚靠近，两膝弯屈；同时右拳向斜下方伸出呈防守姿势，左拳收回至左腮旁（图4–9–1、图4–9–2）。

图4–9–1

图4–9–2

要点：跨步主要用于侧闪防守。跨步后身体重心下降，两腿要一虚一实，两臂上、下形成一防守面。

六、闪步

左脚向左侧移半步，右脚随之向左滑步；同时身体向右转动约90°（图4-10-1、图4-10-2）。

要点：步法轻灵，转体闪躲灵活、敏捷。

图4-10-1

图4-10-2

七、跳换步

两手握拳屈肘于下颏两侧，肘关节自然下垂，左脚与右脚同时蹬地并前后交换（图4-11-1、图4-11-2）。练习时，可以跳换步结合直拳冲拳姿势进行。

要点：转换时要以髋关节带动两腿，身体不能明显向上腾空。

图4-11-1

图4-11-2

八、盖步

图4-12

右脚向左脚前迈步，脚尖外摆；左脚跟离地，两膝微屈，重心偏于右腿（图4-12）。

要点：迈步时身体尽量不转，重心不要起伏，步幅适度。

九、垫步

后脚蹬地向前脚内侧并拢，同时前脚屈膝提起（图4-13-1、图4-13-2）。

图4-13-1

图4-13-2

要点：后脚向前脚并拢要快，垫步与提膝要做到不脱节、不停顿、不腾空。

十、步法的训练

无论是进行套路演练还是技击实战，步法都要做到快速及稳定、灵活，要有周身充满一种内在力量的感觉，不僵不浮，在灵活自然中有一种沉稳气势。步法的总体要求是：

“疾”是指步法移动的迅猛、干脆。

“准”是指移动的幅度要准确。

“活”是指步法移动要灵活多变，不僵不滞，富有弹性。

“粘”是指能够运用步法与对手保持不即不离，进之能攻，退之能防，准确判断对手的意图和移动方向，控制自我，做到应答自然。

有下列几种步法训练的方法可供练习者参考：

（一）单兵练习

每学完一种步法以后，个人必须通过自己的反复练习、反复揣摩，体会要领，巩固技术。开始可专门练习一种，待技术熟练以后，可把几种步法组合练习，如前进步和后退步的组合等。

（二）结合信号练习

教练员或同伴可运用手势、口令或规定的某一个动作等为信号，要求练习者根据信号做出相应的步法，这样既提高了步法的运用，又提高了反应能力。

（三）两人配合练习

两人一组，面对面保持一定的距离，主动一方随意做各种步法，被动一方要根据对方的变化而变化，如一方前进步，另一方则后退步；一方垫步，另一方则闪步等，双方的距离应尽量保持不变。这种练习方法除提高练习者的反应能力外，更主要的是提高步法移动的准确性，即距离感。

（四）结合攻防动作练习

步法移动的目的是为了更加有效的进攻或防守反击，因此，结合攻防动作进行步法练习，是提高步法移动实效性的主要方法，也是提高上下配合、整体协调的重要手段。如：同一个左直拳，可以结合前进步、后退步或左、右闪步等进行练习，以便适应实战的各种情况。

第三节　拳法
（Fist attack）

常用的拳法有直拳、摆拳、勾拳、弹拳、横扣拳、鞭拳等。

一、直拳

1. 左直拳

动作说明：实战姿势站立，右脚微蹬地面，身体稍右转，同时前臂由屈到伸，以平拳（或立拳）向前直线冲出；接触目标时拳要握紧，力达拳面。击打后拳要沿出击路线迅速放松收回（图4–14）。

图4–14

要点：冲拳时拳面要领先，上臂催动前臂，臂微内旋，快出快收。

用途：直拳属于直线型攻击动作，运用两点间直线最短的原理。在防卫搏击中通常左直拳离对手最近，动作幅度较小，速度快，最易主动进攻，运用率很高，常用于击打对手的头部和躯干。

实例防卫技法应用：当与对手站立距离较近时，可用直拳主动击打其面部（图4–15–1），趁对手后仰之时，起转身右后蹬腿击其胸部（图4–15–2、图4–15–3）。

图4–15–1

图4–15–2

图4–15–3

2. 右直拳

动作说明：实战姿势站立，右脚微蹬地面并向内扣转，转腰送肩，同时前臂由屈到伸，右拳以平拳（或立拳）直线向前冲出，力达拳面，左拳护于腮部，击打后拳要以腰带肘，主动收回（图4–16）。

图4–16

要点：右直拳发力顺序是起于右脚，传送到腰、肩、肘，最后到达拳面；上体向左转动（头不转），以加大冲拳力度。

用途：右直拳属于后手拳，力量大，具有较强的威胁作用和杀伤力，运用时最好能将身体各个部位的机能协调配合，使全身力量集中于一拳之中，用于击打对手的头部、胸部、腹部等中、上盘部位。

实例防卫技法应用：当对手用横向型手法（或腿法）攻击我头侧时，我迅速向外屈臂格挡（图4–17–1），随即用右直拳反击其面部（图4–17–2），接右低鞭腿连击其膝窝（图4–17–3）。

图4–17–1

图4–17–2

图4–17–3

3. 前进步左右直拳

动作说明：实战姿势站立，右脚向右后方蹬地，左脚向前滑出的同时，腰微右转，催动左拳直线向前冲出（图4–18–1）；前脚掌落地的同时，左拳击中目标；然后右脚随之跟进，同时腰左转，带动右拳直线向前冲出，左拳回收至腮部。右拳冲到极限后，腰自然转回并带动右拳收回（图4–18–2）。

图4–18–1

图4–18–2

要点：做到步到拳到，一步一拳。身体协调如同走路，重心勿起伏；冲拳要有弹性，出拳、收拳要自然利落，腰部旋转灵活、不僵硬。

用途：主要用于主动连续进攻对方的头部、胸部、腹部等部位。

实例防卫技法应用：当与对手站立距离较近时，可主动出击，前脚进步，同时先用左直拳击打对手胸、腹或面门部位（图4–19–1）；后脚跟步，再用后直拳击打其面门或胸、腹部（图4–19–2）。

图4–19–1

图4–19–2

4. 后退步右左直拳

动作说明：实战姿势站立，左脚向前下方蹬地，右脚自然向后退的同时，腰左转催动右拳直线向前冲出。后脚掌落地的同时，右拳击中目标（图4–20–1）；然后左脚随之后退，同时腰右转带动左拳直线向前冲出，同时右拳自然收回至腮旁。左拳冲到极限后，腰自然转回并带动左拳收回（图4–20–2）。

图4–20–1

图4–20–2

要点和用途：参照“前进步左右直拳”。

注：直拳是拳法的基础，属于进攻性技法。可以说学会了直拳的运用就算掌握了一半的拳法技术。具体的练法是：有条件者站在大镜子前，首先从静止状态练习已练过的左直拳和右直拳。再回忆一下在初学时教练提示的要点，观察一下打拳时肩部是否保持水平，在保持水平的基础上着重于准确性，练到较有准确性时再去考虑速度。然后结合前进步法和后退步法等进行左右空击、打靶、打沙袋等直拳训练。

二、摆拳

1. 左摆拳

动作说明：实战姿势站立，上体微向右转，同时左拳随转髋拧腰边向前展开边向里横贯，拳心向下，力达拳面或拳眼侧，接触目标时用力，右拳护于右腮部（图4–21）。击打后，臂部放松，屈肘收回。

要点：力从腰发，腰绕纵轴向右转动，摆拳发力时臂微屈，肘尖抬至与肩平。重心不可超出脚尖。

图4–21

用途：左摆拳属于横向弧型攻击动作，击打幅度小、隐蔽，易于主动进攻，可以结合身体姿势的高低变化击打对手的侧面。上盘可击太阳穴，中盘可击腰肋部位。

实例防卫技法应用：当与对手站立距离较近时，可用左摆拳突然击打其颈部要害部位，动作要迅速、突然（图4–22）。

图4–22

2. 右摆拳

动作说明：实战姿势站立，上体微向左转，同时右拳随转髋拧腰边向前展开边向里横贯，臂微屈，拳心向下，力达拳面或拳眼侧，接触目标时用力；左拳护于左腮部（图4–23）。击打后臂部放松，屈肘收回。

图4–23

要点：两膝相合，转腰、合胯与摆拳发力要协调一致。重心不可超出脚尖。

用途：右摆拳是一种横向弧型进攻动作，其特点是能充分借助右脚蹬地、转腰的巨大力量进行攻击，具有较大的威胁力。但其进攻路线长、幅度大，不宜作为直接进攻动作，多结合其他技法使用，击打对手的头部侧面和躯干。

实例防卫技法应用：当对手用侧踹腿攻击我中盘部位时，我里勾挂防守（图4–24–1），随即使用侧前进步右摆拳反击其颈部要害部位，动作要迅猛、突然（图4–24–2）。

图4–24–1

图4–24–2

3. 前进步左右摆拳、后退步右左摆拳

参照直拳方法进行练习。

三、勾拳

1. 左勾拳

动作说明：实战姿势站立，上体稍向左下转动，左腿微屈，重心稍下沉，前臂与上臂夹角在90°~110°之间，拳心向下稍向外，蹬地转髋同时左拳向右斜上方猛力勾击，拳面接触目标时用力，击打后臂部迅速放松内旋收回成实战姿势（图4-25-1～图4-25-3，勾拳三种不同发力角度）。

图4-25-1

图4-25-2

图4-25-3

要点：重心略下沉，是为了更好地利用前脚蹬地拧转的反作用力，加大勾拳的力度；动作要连贯、顺畅，用力要由下至上，重心不超过脚尖。

用途：勾拳也称抄拳，适用于中、近距离实战，但其进攻路线短、幅度小，结合其他技法使用效果会更好。用于击打对手的胸、腹或下颏等部位。

实例防卫技法应用：当与对手站立距离较近时，可主动出击，先用左勾拳击打其心窝部位（图4–26–1），再接右横勾拳击打其颈部（图4–26–2）。

图4–26–1

图4–26–2

2. 右勾拳

动作说明：实战姿势站立，右脚蹬地，微向左转腰的同时，右拳由下向前、向上勾起，前臂与上臂夹角在90°~110°之间，拳心向内，力达拳面；左拳回收至左腮部。击打后臂部迅速放松内旋收回成实战姿势（图4–27）。

要点：右勾拳要借助右脚蹬地、扣膝、合胯、转腰的力量，发力由下至上，协调顺达；勾拳时，右臂先微内旋再外旋，呈螺旋形，勾拳高度约与下颏同高。

图4–27

用途：用于击打对手的胸、腹或下颏等部位。

实例防卫技法应用：当与对手贴身近战时（图4–28–1），可寻找机会主动出击，直接用右勾拳击打其下颏部位（图4–28–2）。

图4–28–1

图4–28–2

注：勾拳是一种放松且以腰为轴发力的攻击法，出拳时要求放松、自然，并与弹出的动作相配合。学生在掌握了勾拳基本动作要领基础上，还可以做斜上勾拳、横勾拳等向不同方向攻击的动作，尤其在运用时要方法灵活、劲力顺达。

四、弹拳

动作说明：在实战姿势的基础上（图4–29–1），左拳以伸肘弹腕的力量反臂向前弹击，力达拳背（图4–29–2），击出后迅速回收。

图4–29–1

图4–29–2

右手弹拳与左手弹拳方法相同，动作相反，只是加大向内转腰顺肩的幅度（图4-30）。

图4-30

要点：弹拳时臂部肌肉要放松，要以气催力。发力时要含胸拔背、顺肩、甩手腕，做到放长击远。

用途：弹拳的特点是冷、脆、快、远。在对手冷不防的时候像甩鞭子一样突然攻击，扰乱其视线，为其他进攻动作起先导作用。主要用于弹击对手的面部、心窝等部位。

实例防卫技法应用：当与对手中近距离时，我可主动出击，用弹拳击其面部（图4-31-1），随即起左侧踹腿击其小腹部位，动作要快速连贯，一气呵成（图4-31-2）。

图4-31-1

图4-31-2

五、横扣拳

图4-32-1

图4-32-2

动作说明：以左横扣拳为例，左拳向外约30°，向前、向里横摆扣击，拳眼向上，拳心向右，力达拳心（图4-32-1）。

右横扣拳与左横扣拳方法相同，动作相反（图4-32-2）。

要点：动作幅度要小，扣拳速度要快。

用途：横扣拳的特点是幅度小、速度快，适用于中、近距离实战，用于击打对手头部侧面。使用时配合左闪步横扣拳，腰略向右转，可以加大扣击的力度。

实例防卫技法应用：当与对手对面站立时，我可“先下手为强”，主动出击。侧闪步，同时用左横扣拳击打其腮部（或颈部）（图4-33-1），再接右高鞭腿击其面部（图4-33-2）。

图4-33-1

图4-33-2

六、鞭拳

动作说明：以右鞭拳为例，在实战姿势的基础上（图4–34–1），身体向右后转同时，右腿经左腿后插步（图4–34–2），同时左拳与右拳一起回收至胸前，动作不停，上体继续向右转体，同时右拳反臂向右侧横向鞭打，拳眼朝上，力达拳背（图4–34–3）。

图4–34–1

图4–34–2

图4–34–3

要点：转体要快，以头领先，以腰带臂，切勿停顿，支撑要稳。

用途：鞭拳属于横向型进攻动作，它能借助转体的惯性，使用起来幅度大，力度也大，在实战中具有出奇制胜的效果，一般用于主动进攻，横向鞭打对手的上盘部位，如脸侧、颈部。

实例防卫技法应用：当对手用侧踹腿攻击我中盘部位时，我里勾挂防守（图4–35–1），再迅速接转身鞭拳击打其颈部要害（图4–35–2、图4–35–3）。

图4–35–1

图4–35–2

图4–35–3

武谚解释：

先下手为强。争取主动控制对手，这其中也受着对手状态的制约，因为对手是不会让你自由支配的。争取主动不但需要有熟练的技术，还要按当时的客观态势，灵活恰当地运用战术，从容地处理突发的情况。

第四节 掌法
（Palm attack）

掌法是根据掌的形状、击打路线和技击的特点而形成的，常用的掌法有插掌、撣掌、砍掌、撩掌等。

一、插掌

动作说明：插掌的动作路线与发力顺序同直拳，唯独拳变掌，掌心向下或向内侧，以四指尖为着力点向前插掌（图4–36）。

图4–36

要点：手腕要直，四指伸直并拢，指尖正对攻击目标。

用途：插掌在传统武术及日常生活防卫中使用较多，但在擂台搏击比赛时几乎受到一定的限制，因为在防卫实战中插掌主要用于击打对手的眼睛、咽喉、人中穴、心窝等要害部位。

实例防卫技法应用：当对手用横向型手法（或腿法）攻击我头侧时，我可迅速用手臂向外屈臂格挡（图4–37–1），随即用插掌反击其面部（图4–37–2），接着用右手搂抓对手后脑下压、回拉的同时，起右顶膝击打其小腹或裆部（图4–37–3）。

图4–37–1

图4–37–2

图4–37–3

二、搏掌

动作说明：在高虚步合掌势的基础上，右脚蹬地，左脚向前进半步，同时左手探肩展胸、伸肘甩腕，向前像甩鞭子似的以抖搏之力将掌以掌背为着力点向前弹甩（图4-38-1 ~ 图4-38-3）。

图4-38-1

图4-38-2

图4-38-3

练习时，在高虚步合掌势的基础上，可向前、后、左、右等不同方向进行搏掌训练，要把搏甩方向的发力点想象成与对手实战中的攻击目标。

要点、用途：参照“弹拳”。

三、砍掌

动作说明：在实战姿势的基础上，右手臂向斜前上举，同时利用拧腰、沉肩的力量由斜上向斜下猛力砍击，力达掌外沿向内仰掌横砍（图4–39）；也可用同样的方法由里向外俯掌横砍（图4–40）。

图4–39

图4–40

要点：手腕紧张，五指并拢，要借助转体拧腰的合力。

用途：主要用于砍击对手的颈部及腰、肋部。

实例防卫技法应用：当对手用横向型手法攻击我头部时，我迅速向外挡抓其手臂，外旋回拉，接由里向外俯掌横砍对手颈部（图4–41）。

图4–41

四、撩掌

动作说明：在实战姿势的基础上，一脚用力蹬地，转胯扭腰，身体向攻击方向的目标拧转，一手前臂内旋下落，直臂前摆（防卫时根据需要也可后摆），手型为撩掌（或扣手），当撩击到目标时五指自然内扣捏紧（图4–42–1、图4–42–2）。

要点：进步与撩掌要协调一致，撩击目标要准确。

图4–42–1

图4–42–2

用途：撩掌，俗称撩阴掌，属于传统武术技法，主要用于击打对手的心窝、小腹、裆部等部位。

实例防卫技法应用：当对手由前上方使用砸拳向我头部攻击时，我一手迅速向上屈臂格挡，同时用另一手向前撩抓其裆部（图4–43）。

图4–43

注：手法练习时要力求方法正确、劲力顺达，运用时要与腿法和身法紧密配合。要特别注意的是：多数的手法在出手时应该做到没有预兆，拳、掌在哪个位置就从哪个位置直接打出去，不应该将拳、掌拉回很远距离再发出去，这是一般初学者最易犯的错误，如打直拳或摆拳时（图4-44）。

图4-44　错误的击打方式

第五节　肘法
（Elbow attack）

肘法是近距离防卫技击中主要的方法，其特点是运动路线宽、速度快、威力猛。武术谚语有“宁挨十手，不挨一肘”的说法，说明了它在实战中的威力。常用的肘法有顶肘、横击肘、挑肘、后顶肘等。

武谚解释：

宁挨十手，不挨一肘。从运动解剖学看，肘关节与肩关节相连，故肘部的运动灵活自如，肘法巧妙多变。肘的攻击方向几乎不受限制，既可自前而后（如顶肘），也可自下而上（如挑肘）。肘的攻击部位遍及头部、胸部、腹部、腿部等，说明了运用肘法攻击的范围之广。

一、前顶肘

动作说明：以右前顶肘为例。上体微左转，含胸扣肩，右肘抬起盘于胸前，拳心向下；随右脚向前进步成右弓步，同时拧腰展胸，开肩发力，以肘尖为着力点直线向前顶击；左手推顶右拳面以助长发力（图4–45）。

要点：上步与顶肘动作要协调，以腰发力带动肘尖顶击。

用途：主要用于顶击对手的中上盘部位，如小腹、胸部。

实例防卫技法应用：当对手用右手拳攻击我时，我侧闪，同时右手截击其前臂部位（图4–46–1），随即右脚上步至对手前脚后，使用前顶肘贴身靠的动作击打其心窝要害部位（图4–46–2、图4–46–3）。

图4–45

图4–46–1

图4–46–2

图4–46–3

二、后顶肘

动作说明：以右后顶肘为例。肩关节前屈，右臂屈肘夹紧，随即向右后转头、拧腰，肩关节向后猛伸，以肘尖后部为着力点向后顶击（图4–47–1）。左后顶肘与右后顶肘方法相同，动作相反（图4–47–2）。

图4–47–1

图4–47–2

要点：向后转头、屈肩、拧腰顶击的动作要协调有力。

用途：主要用于向后顶击对手的上盘迎面部位和中盘胸、腹部位。

实例防卫技法应用：当遇到对手由后拍抓我肩部时，我可迅速向后撤步，同时用后顶肘击打其心窝部位（图4–48–1、图4–48–2），随即用向上反背拳击打其面部，接着向下拍击对手裆部（图4–48–3、图4–48–4），动作要快速、连贯、准确。

图4–48–1

图4–48–2

图4–48–3

图4–48–4

三、横击肘

动作说明：以右横击肘为例。实战姿势站立，右脚蹬地，扣膝合胯，身体向左转的同时，右臂屈肘夹紧，握拳，随转体之势以肘关节前臂端为着力点，向左前方横向击打；左拳自然收于腮部（图4–49–1）。击肘后，迅速恢复成实战姿势。

左横击肘与右横击肘方法相同，动作相反（图4–49–2）。

要点：肩要松沉，充分利用转体拧腰的力量，以腰带肩、带肘发力。

图4–49–1

图4–49–2

用途：主要用于击打对手的头部和躯干侧面。

实例防卫技法应用：当遇到与对手对面站立时，主动圈其手臂并回拉（图4–50–1），同时用横击肘击打其颈部要害（图4–50–2）；动作要突然、迅猛。

图4–50–1

图4–50–2

四、挑肘

动作说明：以右挑肘为例。右脚蹬地，扣膝合胯，身体向左拧转的同时，右臂屈肘夹紧，拳心向左，以肘部前臂端为着力点由下向前上方挑击，左手自然回收于腮部（图4–51）。

要点：挑肘时要挺腰，发力要协调、顺达。

用途：主要用于击打对手的下颏、心窝部位。

实例防卫技法应用：实战中当与对手在一起缠抱时，我迅速反应，用挑肘发力击打其下颏部位（图4–52–1、图4–52–2）。

图4–51

图4–52–1

图4–52–2

五、砸肘

动作说明：以右砸肘为例。右臂屈肘夹紧，随即以肘尖为着力点由上垂直向下砸击，同时上体微向左拧转，右腰部侧屈，屈膝重心下沉，以助劲力，左手不动（图4–53）。砸击后迅速恢复成实战姿势。

图4–53

要点：拧腰、屈膝、重心下沉与砸肘要协调一致。

用途：一般用于对手在对我进行攻击时，其处于低姿势情况下的防守反击。反击的目标可以是身体的任何部位。

实例防卫技法应用：当我腰部（或大腿）由前被对手贴身搂抱时，可用砸肘击打其背部（图4–54–1、图4–54–2）。

图4–54–1

图4–54–2

第六节　腿法
（Leg attack）

武术谚语有“手是两扇门，全凭脚打人”之说，说明了腿法在防卫实战中具有重要的作用。腿法是以脚掌、脚跟、脚背、小腿胫部等部位为着力点，在中远距离对对手身体各个部位进行击打的技法。常用的腿法有前蹬腿、侧踹腿、鞭腿、转身外摆腿、后蹬腿、扫腿、劈挂腿、截腿等。

武谚解释：

手是两扇门，全凭脚打人。手法的作用有如门户，担负着防守的重任。但不是只守不攻，要做到手脚并用，攻守兼备。此处所谓“全凭”是对腿法的高度重视，一是重视腿法的技术应用，二是告诫习武者要重视苦练下盘功夫。因为脚下无根，则重心不稳。

一、前蹬腿

1. 左前蹬

动作说明：实战姿势站立（图4–55–1，以下均同），重心后移，右腿微屈支撑，左腿屈膝抬起，膝关节对准目标，勾脚（图4–55–2）；以大腿推动小腿，脚跟领先向前蹬出，力达脚跟；亦可送髋，脚掌下压，力达前脚掌（图4–55–3）。蹬腿后迅速回收成实战姿势。

图4–55–1

图4–55–2

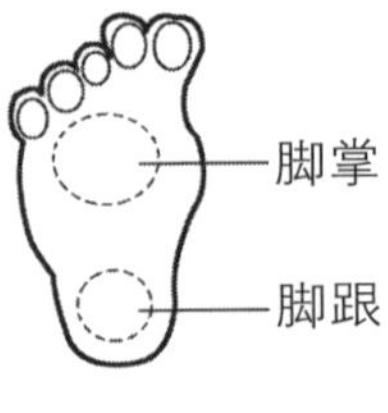

图4–55–3

2. 右前蹬

动作说明：实战姿势站立，身体重心前移，左腿微屈支撑，右腿屈膝抬起，膝关节对准目标，勾脚（图4-56-1、图4-56-2）；以大腿推动小腿，脚跟领先向前蹬出，力达脚跟；亦可送髋，脚掌下压，力达前脚掌（图4-56-3）。蹬腿后迅速回收成实战姿势。

图4-56-1

图4-56-2

图4-56-3

要点：两手与躯干始终保持对上体的防守，屈膝抬腿与蹬出要快速连贯。

用途：前蹬腿属于直线型屈伸腿法，主要用于击打对手的正面部位，如面部、胸腹部、裆部、腿部等。

实例防卫技法应用：当与对手正面相对时，可主动出击，用快速、准确的前蹬腿蹬其胸腹或头部（图4–57–1、图4–57–2）。

图4–57–1

图4–57–2

二、侧踹腿

1. 左侧踹

动作说明：实战姿势站立，右腿微屈支撑，左腿屈膝抬起，脚掌对准目标，并勾起向外翻（图4–58–1、图4–58–2）；展髋挺膝向前踹出，力达脚掌，上体自然侧倾（图4–58–3）。踹腿后迅速收回还原成实战姿势。

图4–58–1

图4–58–2

图4–58–3

2. 右侧踹

动作说明：实战姿势站立，左腿微屈支撑，左膝左脚外摆，身体向左转髋转体，同时右腿屈膝抬起，脚掌对准目标并勾起向外翻（图4–59–1）；用力向前踹出，力达脚掌，上体可侧倾（图4–59–2）。踹腿后迅速收回还原成实战姿势。

图4–59–1

图4–59–2

要点：按照提膝、翻胯、踹腿、收回、还原的动作要领进行，踹出时要以大腿推动小腿成一直线向前发力。

用途：侧踹腿属于侧方向直线型屈伸腿法，主要用于击打对手的头、胸、腹、大腿、膝关节等部位。

实例防卫技法应用：主动进攻防卫，可使用侧踹腿击打对手身体的正面部位，如上、中、下三盘（图4–60–1～图4–60–3）。

图4–60–1

图4–60–2

图4–60–3

三、鞭腿

1. 左鞭腿

动作说明：实战姿势站立，右腿微屈支撑，上体稍向右侧倾的同时，左腿展髋屈膝（图4–61–1）；边侧抬边向前摆踢小腿，力达脚背或小腿下端胫部（图4–61–2）。

图4–61–1

图4–61–2

2. 右鞭腿

动作说明：实战姿势站立，左腿微屈支撑，左膝左脚外摆，身体向左转髋转体的同时，右腿展髋屈膝（图4–62–1）；边侧抬边向前摆踢小腿，力达脚背或小腿下端胫部（图4–62–2）。击出后，迅速屈膝回收成实战姿势。

图4–62–1

图4–62–2

要点：以膝带腿，快速发力，右鞭腿大腿抡摆，小腿鞭踢，脚背接触目标时用劲。

用途：鞭腿有时也被称为横踢腿，它属于横向型攻击腿法，主要用于从不同角度击打对手身体的各个部位，鞭腿的幅度和力度很大，在实战中通常能出其不意地给对手以重创。

实例防卫技法应用：当与对手站立距离较远时，可主动防卫，先用左低鞭腿击打对手大腿内侧部位（图4–63–1），再接右高鞭腿击打其头部（图4–63–2）。

图4–63–1

图4–63–2

四、弹踢腿

动作要领：以右弹踢腿为例。实战姿势站立，左腿微屈支撑，身体微向左转，右腿屈膝提起，脚尖下压（图4–64–1），以大腿带动小腿向前猛力弹踢，力达脚尖（图4–64–2），击出后，迅速屈膝回收成实战姿势。

左弹踢腿与右弹踢腿方法相同，动作相反。

要点：以膝带腿，猛弹快收。

图4–64–1

图4–64–2

用途：主要用于踢击对手的上、中、下三盘正面部位，如裆部、小腹、下颏。

实例防卫技法应用：当与对手站立在中、远距离情况下，我用前手插掌（或推掌，图4–65–1）击打对手的面部，趁其后仰躲闪之机，起脚猛力弹踢对手的裆部（图4–65–2）。

图4–65–1

图4–65–2

五、转身后摆腿

动作说明：以左转身后摆腿为例。实战姿势站立，右脚向前上一步（图4-66-1、图4-66-2），身体左后转体360°，右腿微屈支撑，随转体左腿由后下向前上横扫，脚背绷紧，力达脚掌，目视左脚（图4-66-3）。摆腿后迅速回落成实战姿势。

图4-66-1

图4-66-2

图4-66-3

右转身后摆腿与左转身后摆腿方法相同，动作相反。

要点：转体时要以头领先，并借助其惯性腰背发力，展髋、挺膝。

用途：转身后摆腿在防卫实战中，多用于主动进攻对手的身体侧面部位，如脸侧面、颈部、肋部等。

实例防卫技法应用：当与对手中、远距离站立时，我可右脚上步，同时右摆拳虚晃其面部（图4-67-1、图4-67-2），随即接转身后摆腿击打对手头部侧面（图4-67-3）。

图4-67-1

图4-67-2

图4-67-3

六、后蹬腿

动作说明：以左后蹬腿为例。实战姿势站立，身体向右转约180°，左手屈肘自然下垂置于体侧，右手护头（图4-68-1、图4-68-2）；重心移至右腿微屈支撑，同时左腿屈膝抬起，勾脚，以大腿推动小腿向后蹬出，力达脚跟，上体前俯，目视蹬腿方向（图4-68-3）。

右后蹬腿与左后蹬腿方法相同，动作相反。

要点：向后转身时要以头领先，转身快，蹬腿时挺膝、展髋，肌肉收缩，保持重心。

图4-68-1

图4-68-2

图4-68-3

用途：传统武术中人们将后蹬腿俗称“虎尾腿”，主要用于后蹬对手的面部、小腹、裆部等部位。在防卫技击时，后蹬腿结合叉步使用效果更好。

实例防卫技法应用：当对手使用手法对我进行攻击时，我突然转身，起后蹬腿击其小腹部位，动作要迅速，发力要猛（图4–69）。

图4–69

七、截腿

1. 左截腿

动作说明：实战姿势站立，右腿微屈支撑，左腿屈膝抬起，脚尖内扣（图4–70–1），随即挺胯伸膝向前下截击，力达脚外沿，截击后迅速回收成实战姿势（图4–70–2）。

图4–70–1

图4–70–2

2. 右截腿

动作说明：实战姿势站立，重心前移，左腿微屈支撑，右腿屈膝侧抬，小腿外旋，脚尖外摆（图4–71–1）；随即右腿由屈到伸以脚掌内侧为着力点向前下方猛力截击，同时左臂内旋前伸，以防护上体及头部（图4–71–2）。

要点：截腿时发力要突然、准确，重心要稳。

用途：截腿既可主动进攻，也可防守反击，主要用于截击对手的膝关节及迎面骨部位。

实例防卫技法应用：实战中，我可主动用前手弹拳击打对手面部（图4–72–1），趁其后仰之机，用截腿击打其膝关节部位（图4–72–2）。

图4–71–1

图4–71–2

图4–72–1

图4–72–2

八、后撩腿

动作说明：以左后撩腿为例。实战姿势站立，右腿向左腿后背步成交叉步，右手护头，左手屈肘自然下垂置于体侧，身体右转，右腿微屈支撑（图4–73–1、图4–73–2），左腿直腿向后上方撩踢，脚尖绷起，力达前脚掌（图4–73–3）。

要点：背步转身时要以头领先，向后撩踢要有爆发力，眼随脚走。

图4–73–1

图4–73–2

图4–73–3

用途：后撩腿在传统武术技法中使用较多，尤其是在通臂拳中。它有大后撩腿和小后撩腿之说，以上介绍的属于大后撩腿。小后撩腿是膝关节不外起，小腿向后撩踢，动作使用起来简单、隐蔽性强（图4–74）。实战中主要用于后撩对手的下颏、小腹、裆部等部位。

实例防卫技法应用：大后撩腿（当对手使用手法攻击我时，我佯装闪躲防守，在转身同时，突然向后起腿撩踢其下颏部位，图4–75–1）；小后撩腿（当对手由侧面拍我肩部时，我转身同时，突然起腿向后撩踢其裆部，图4–75–2、图4–75–3）。

图4–74

图4–75–1

图4–75–2

图4–75–3

九、劈挂腿

动作说明：以右劈挂腿为例。实战姿势站立，身体稍向左转的同时，右腿脚尖勾起向左上方踢起过头（图4–76–1），随后用松髋沉胯之势，以脚掌或脚后跟为着力点向前下猛力劈击；重心移至左腿微屈支撑（图4–76–2），击打目标后，迅速回落成实战姿势。

要点：踢腿时要收髋、猛收腹，过腰后加速，向下劈击要猛。

用途：主要用于击打对手的肩颈、面门、胸腹等部位。

实例防卫技法应用：当与对手对面迎击时，我可迅速使用劈挂腿击打其肩颈部（图4–77–1、图4–77–2）。

图4–76–1

图4–76–2

图4–77–1

图4–77–2

十、扫腿

动作说明：以右腿后扫踢为例。重心移至左腿，屈膝全蹲，以左脚前脚掌为轴向右后转体180° ，两手扶地；右腿向左后方弧线擦地直腿后扫，脚掌内扣，发力于腰，力达脚后跟至小腿下端背面，同时臀部着地，左腿盘叠（图4–78–1、图4–78–2）。

右腿前扫腿与右腿后扫腿方法相同，动作方向相反。

要点：扫腿时力点要准，要多体会整体用力的协调性。

用途：用于主动进攻和防守反击对手的小腿支撑部位，破坏其重心。

实例防卫技法应用：当对手使用鞭腿横踢我头部时，我下躲闪防守，同时倒地用右腿前扫腿扫踢其支撑腿，动作要快速、准确（图4–79）。

图4–78–1

图4–78–2

图4–79

十一、勾踢腿

动作说明：以右勾踢腿为例。左脚向前上一步，同时身体左转180°，收腹合胯，右脚抬起，右手臂自然向左前伸出，经左上向右下摆臂助力（图4-80-1）；以大腿带动小腿，直腿向前、向左弧线擦地勾踢，力达脚弓内侧，重心移至左脚并外展，腿微弯曲（图4-80-2）。

左勾踢腿与右勾踢腿方法相同，动作方向相反。

要点：勾踢时要挺膝勾脚并内扣，发力点要准。

图4-80-1

图4-80-2

用途：勾踢腿在实战中常用于当对手身体的重心瞬间移至一只脚时，勾踢其支撑腿，破坏其稳定性，也可用于主动进攻。

实例防卫技法应用：当与对手对面站立时，迅速进步，同时左手拍压并拿其前手臂，右手前伸至其脖颈部位（图4–81–1、图4–81–2），然后用拨颈和勾踢的劲力将对手击倒（图4–81–3）。

图4–81–1

图4–81–2

图4–81–3

第七节 膝法
（Knee attack）

膝法是以膝关节为着力点，近距离对对手头、腹、胸、肋、裆等部位进行攻击的防卫技法，它具有攻击力量大、准确度高、威力猛的特点。常用的膝法有前顶膝、横撞膝、跪膝等。

一、前顶膝

动作说明：以右前顶膝为例。两手自然前伸，重心移至左脚（图4–82–1），右腿屈膝上提，含胸收腹，以膝关节为着力点向前上方顶击，同时两手成拳向下按压（图4–82–2），顶膝后迅速回落成实战姿势。

要点：收腹提膝要迅速，双手按压、冲膝要形成合力。

图4–82–1

图4–82–2

用途：用于近距离攻击对手的裆部、小腹、头等部位。练习者在掌握了前顶膝动作要领的基础上，可发展至一脚起跳，另一脚在空中顶击，即飞膝（图4–83）。练习时可以左、右交替进行。

实例防卫技法应用：当与对手中、近距离站立时，我可主动出击，用双手向下搂脖颈和向上顶膝的合力击打其面部（图4–84）。

图4–83

图4–84

二、横撞膝

动作说明：以右横撞膝为例。左脚向左斜上方上半步，重心前移，左腿微屈支撑，上体微向左侧倾（图4–85–1）；右腿屈膝、展髋侧抬腿，随即利用上身向右拧转、两手向后拽拉之合力，以右膝关节为着力点向左前划弧横向顶击（图4–85–2）。练习时可以左、右交替进行。

要点：大小腿夹紧并尽量抬平，将膝关节突出，拧腰、合髋，双手向侧面拽拉要协调、猛力。

图4–85–1

图4–85–2

用途：横撞膝在实战中主要用于贴身近战，一般击打对手的身体侧面，如肋部，大腿内、外侧，头侧等部位。

实例防卫技法应用：当与对手贴身搂抱时，我可用手臂向右后方拨颈（图4-86-1），同时向左前方起横撞膝击打其肋部或大腿外侧（图4-86-2、图4-86-3），重心要稳。

图4-86-1

图4-86-2

图4-86-3

三、跪膝

动作说明：以右跪膝为例。身体左转，同时左腿屈膝下蹲，右腿屈膝以膝关节下端为着力点，向下跪顶（图4–87）。练习时可以左、右交替进行。

要点：跪膝时膝关节要对准目标，充分借助自身体重的惯性发力。

用途：此动作一般是在将对手摔倒后使用（图4–88）。

图4–87

图4–88

第八节　防守技法
（Defensive techniques）

防守是防卫中不可缺少的一项重要技术，在实战中，防守与反击几乎是同步完成的，在对手“旧力未去，新力未出”时，是最好的进攻时机，因此，防卫者具备全面熟练的防守技术，能变被动为主动，既可保护自己，也能有效地击打对手。武术谚语说，“攻中能守手不丢，守中善攻练家愁；严守只为攻必进，能攻才能好防守”，充分说明了攻与防之间的相互关系。防守反击技术在技击中千变万化，内容极其丰富，这里介绍一些实战中经常用到的、技击性较强的反击方法，以供练习者参考。

一、接触性防守

接触性防守是通过肢体某一部位拦截对手攻击动作的技法。

1. 推拍

动作说明：左手以掌心（或拳心）为着力点向里横向推拍（图4–89）。右手推拍与左手推拍方法相同，动作相反。

要点：前臂尽量伸直，推拍幅度小，发力短促。

用途：用于防守对手使用直线型拳法或横向型腿法对我上盘部位的攻击，如左、右直拳和鞭腿等。

实例防卫技法应用：推拍防守接压臂贴身横击肘反击颈部（图4–90–1、图4–90–2）。

图4–89

图4–90–1

图4–90–2

2. 挂挡

动作说明：身体微左转同时，右手屈臂成三角形夹角，向同侧做头部（或肩部）挂挡动作（图4–91）。左挂挡与右挂挡方法相同，动作相反。

要点：前臂与上臂紧贴于头侧，要含胸侧身，暴露面小。

用途：用于防守对手使用横向型拳法或腿法对我上盘部位的攻击，如左、右摆拳和鞭腿等。

实例防卫技法应用：挂挡防守接前顶膝反击腹部（图4–92–1、图4–92–2）。

图4–91

图4–92–1

图4–92–2

3. 格挡

动作说明：里格挡（拳心向内转同时以前臂内侧为接触点做内旋格挡动作，拳约与眼睛平行，图4–93）；外格挡（以前臂外侧桡骨为接触点向头侧做上挡外拨动作，拳约与头同高。

要点：格挡准确有力，发力要短促，动作幅度不宜过大。

用途：用于防守对手使用手法或横向型腿法对我中、上盘部位的攻击，如左、右直拳和鞭腿等。

实例防卫技法应用：里格挡防守（图4–94–1）接上步右弹拳击面（图4–94–2），接左横撞膝击打胸部（图4–94–3）。

图4–93

图4–94–1

图4–94–2

图4–94–3

4. 挡抓

动作说明：右手回收屈肘，同时前臂内旋，以八字掌向外，虎口为接触点向右后挡抓（图4–95）。

要点：挡抓要快速、准确、有力。

用途：用于防守挡抓对手进攻手法的手腕或前臂部位。

实例防卫技法应用：挡抓防守接左掌反击软肋（图4–96–1、图4–96–2）。

图4–95

图4–96–1

图4–96–2

5. 掩肘

动作说明：以左掩肘为例。左臂弯曲，在腰微向右转的同时向内、向腹下滚掩，拳心向里，以前臂尺骨为接触点，做到含胸、收腹、低头（图4–97）。

要点：上体含缩，两手紧护胸腹，以腰带臂，滚掩如关门闭户。

用途：用于防守对手使用由下而上进攻的手法或腿法（勾拳、弹踢腿等）对我中、下盘部位的攻击。

实例防卫技法应用：掩肘防守接右勾拳反击下颏（图4–98–1、图4–98–2）。

图4–97

图4–98–1

图4–98–2

6. 肩手阻挡

动作说明：重心微前移，以肩部和手心相合形成防守姿势（图4–99）。

要点：上身紧张、含缩、闭气，阻挡拳法时要提肩并收下颏，阻挡腿法时要含胸、收腹、沉气、两手紧护上身。

用途：肩手阻挡用于防守对手使用直线型拳、腿法对我中、上盘部位的攻击。

实例防卫技法应用：肩手阻挡防守（图4–100–1）接弹拳反击颈部（图4–100–2）。

图4–99

图4–100–1

图4–100–2

7. 肘膝阻挡

前脚屈膝提起，肘尖轻贴膝关节形成防守姿势（图4–101）。

要点：重心要稳，提膝要快。

用途：肘膝阻挡用于防守对手使用横向型腿法对我肋、腹、大腿外侧等部位的攻击。

实例防卫技法应用：肘膝阻挡防守（图4–102–1）接前蹬腿反击腹部（图4–102–2）。

图4–101

图4–102–1

图4–102–2

8. 抄抱

动作说明：左抄抱，右手臂微屈并外旋，紧贴于腹前，手心向上，同时左手屈臂紧贴于胸前，立掌，虎口向上，掌心向外（图4–103–1）；右抄抱与左抄抱方法相同，方向相反（图4–103–2）。

要点：两臂紧贴于体前，两手臂上下呈钳子状，抱腿要紧。

用途：抄抱用于对手使用中、高式腿法对我中、上盘部位的攻击，如前蹬腿、侧踹腿或鞭腿等。

实例防卫技法应用：抄抱防守（图4–104–1）接低侧踹腿或截腿反击膝窝（图4–104–2）。

图4–103–1

图4–103–2

图4–104–1

图4–104–2

9. 勾挂

动作说明：以左外勾挂为例。左臂以肘关节为轴，由上向下随前臂外旋向外伸肘下挂于体侧，以前臂前端或勾手为接触点（图4–105–1）；左里勾挂与左外勾挂方法相同，动作方向相反（图4–105–2）。

要点：动作要协调，勾挂幅度小且有力。

用途：用于防守对手使用腿法对我肋、腹及裆部等部位的攻击。

实例防卫技法应用：左外勾挂防守（图4–106–1）接前手摆拳反击颈部（图4–106–2）。

图4–105–1

图4–105–2

图4–106–1

图4–106–2

二、闪躲防守

闪躲防守是通过身体姿势的变化和步法的移动，以躲闪对手攻击的技法。

1. 撤闪

动作说明：前脚由前向后收步，接近后脚时前脚掌着地，重心落于后腿（图4–107）。

要点：前脚回收快，重心要稳。

用途：用于防守对手使用腿法对我下盘部位的攻击，如低侧踹腿、低鞭腿、勾踢腿和扫腿等。

实例防卫技法应用：撤闪防守（图4–108–1）接进步右鞭腿反击头部（图4–108–2）。

图4–107

图4–108–1

图4–108–2

2. 侧闪

动作说明：两腿微屈，俯身，上体向右侧（或左侧）闪躲（图4-109-1、图4-109-2）。

要点：上体要含缩，侧闪不转头，目视对方。

用途：侧闪用于防守对手使用手法对我上盘部位的攻击。

实例防卫技法应用：侧闪防守接左勾拳反击肋部（图4-110-1、图4-110-2）。

图4-109-1

图4-109-2

图4-110-1

图4-110-2

3. 下躲闪

动作说明：屈膝沉胯，重心下降，缩颈，弧形向下闪躲，两手紧护胸前（图4–111）。

要点：下躲闪时，膝关节、髋关节和颈部要同时含胸收缩，目视对手。

用途：用于防守对手使用手法或腿法对我上盘部位的攻击，如左右摆拳、高鞭腿等。

实例防卫技法应用：下躲闪防守（图4–112–1）接上步转身外摆腿反击头部（图4–112–2、图4–112–3）。

图4–111

图4–112–1

图4–112–2

图4–112–3

4. 后躲闪

上体略后仰，右脚后滑一步，重心后移，腿微屈，同时耸肩收下颏，左手微下落，右手置于下颏前（图4–113）。

要点：不可仰头放松，上体后仰幅度不宜过大。

用途：用于防守对手使用拳法或腿法对我头或胸部的攻击，如直拳、摆拳、前蹬腿等。

实例防卫技法应用：后躲闪防守（图4–114–1）接左高鞭腿反击头部（图4–114–2）。

图4–113

图4–114–1

图4–114–2

5. 提闪

动作说明：前腿屈膝提起，后腿微屈支撑（图4–115）。

要点：提膝收腿要快。

用途：用于防守对手使用腿法对我下盘部位的攻击，如低鞭腿、勾踢腿等。

实例防卫技法应用：提闪防守（图4–116–1）接右直拳反击面部（图4–116–2）。

图4–115

图4–116–1

图4–116–2

第九节　防卫组合技法
（Combinational defensive techniques）

人身防卫过程中，通常讲一招制敌，但根据实际情况，有时单一的进攻动作难以有效地制服对手，预想对方如何进攻、组合适宜的动作，将是有效的解决途径（按照动作转换的合理性和可行性进行组合编排）。一般组合动作由2~3个或4~5个动作组成，并遵循上下、左右、横直、虚实的原则进行，在实战中才能使对手顾此失彼，防不胜防。下面介绍一些实战中常用的组合动作，练习者可根据个人喜好和特长选择适合自身特点的技法加以学习。

一、拳法组合

1. 直拳或刺拳（刺拳只是前面手臂使用的拳法，出拳时，主要靠前臂迅速前伸来完成动作）连击

要点：直拳连击要快速、连贯、准确，右手要自然护于脸侧或腮部。

2. 左直拳→右直拳→左摆拳

要点：拳要连贯，击打的目标（力点）要准确，一手打出时，另一手要自然护于脸侧或腮部。

3. 左直拳→右摆拳→接左勾拳

要点：拳要连贯，击打的目标（力点）要准确，勾拳时转腰不要过大。

4. 左勾拳→右勾拳→接左摆拳

要点：拳要连贯，击打的目标（力点）要准确，勾拳时转腰不要过大。

5. 左弹拳→上右步摆拳→接转身左鞭拳

要点：快弹快收，上右步与左脚叉步要迅速，鞭拳横扫，身体直立，注意保持平衡。

6. 左弹拳→接转身右鞭拳

要点：快弹快收，叉步转身要迅速，鞭拳横扫，身体直立，注意保持平衡。

二、腿法组合

1. 连续用左前蹬腿或左鞭腿、侧踹腿等进行目标空击，有条件时可以根据实战中的想象，对照镜子进行空击

要点：腿要快出快收，击打的目标（力点）要准确、协调，可向上、中、下三盘的位置进行目标空击。

2. 垫步左前蹬腿→接右前蹬腿

要点：垫步前蹬要迅速，随蹬腿落地，身体左转，带动右腿快速向前蹬出。

3. 左低鞭腿→接右高鞭腿

要点：大腿带动小腿，鞭踢要快，左腿落地，身体迅速左转，右腿提膝鞭腿要快，击打的目标（力点）要准确。

4. 左侧踹腿→接右侧踹腿

要点：左腿快出快收，随左腿落地，身体迅速左转，带动右腿快速提膝踹腿，击打的目标（力点）要准确。

5. 右截腿→接左前蹬腿

要点：截腿要迅速、突然，右腿落地，左腿迅速提膝向前蹬出。

6. 左前蹬腿→接左后蹬腿

快蹬快收，落地的同时，上体右转，背对对手，缩身蓄劲，随即展髋挺膝，用力后蹬。

7. 左侧踹腿→右前蹬腿→接左鞭腿

要点：左腿快出快收，随左腿落地，右脚迅速提膝前蹬，随右脚落地，身体右转，带动左腿提膝鞭踢，击打的目标（力点）要准确。

8. 左侧踹腿→右鞭腿→接左转身后摆腿

要点：左腿快出快收，随左腿落地，身体左转，带动右腿提膝鞭踢，右脚迅速回落，脚尖向内扣转；左后转以身带动左腿，直腿后摆，注意保持平衡。

三、拳、腿法组合

1. 左前蹬腿→接右直拳

要点：左前蹬腿结束的同时，右直拳衔接要快，力点要清晰。

2. 左直拳→右摆拳→接右前蹬腿

要点：随右摆拳左转，右腿迅速提膝前蹬腿，上下衔接要紧密。

3. 左直拳→右直拳→接左鞭腿

要点：随右直拳身体侧倾同时，左腿迅速提膝鞭腿，上下衔接要紧密。

4. 右摆拳→左直拳→后退步接左侧踹腿

要点：随左直拳回收，同时后退步，缩身蓄劲，随即快速侧踹腿。

5. 垫步左低鞭腿→左弹拳→转身右鞭拳→接左高鞭腿

要点：垫步低鞭腿要协调，左弹拳要快；转身鞭拳时，叉步要快，以头领先，鞭拳横扫，带动左高鞭腿，上下衔接要紧密。

6. 左鞭腿→左右直拳→接左侧踹腿

要点：右直拳过后，身体右转，同时带动左腿迅速提膝侧踹腿，上下衔接要紧密。

7. 左直拳→上步右摆拳→接转身左后摆腿

要点：直拳后，右腿迅速上步摆拳，左后转体同时，借助惯性左后摆腿，上下衔接要紧密。

四、肘、膝法组合

1. 前进步左横击肘→接右横击肘

要点：肩要松沉，前进步与拧腰要协调一致。

2. 左前顶膝→接右前顶膝

要点：随左前顶膝收回，身体左转同时右膝前顶。收腹提膝要迅速，顶膝时要双手配合。

3. 左横击肘→接叉步转身右后顶肘

要点：随左横击肘收回同时，叉步转身，要以头领先带动后顶肘。击打的力点要准确。

4. 前进步左、右横击肘→接右前顶膝

要点：前进步左、右横击肘要协调，随身体左转的同时，右膝迅速送髋前顶。

除练习以上介绍的组合动作外，训练时还可以将拳法、肘法、掌法、腿法、膝法、摔法等，根据防卫实战的需要和自己的爱好进行任意组合。

第五章　武术防卫摔法
（Wrestling in Wushu Defence）

学习目标

1 掌握摔法的基本功要领及用法

2 掌握快摔技法十八式的动作要领及用法

武术中常说“远踢、近打、贴身摔”。“摔”指摔法，也叫跤法，是构成防卫技术的重要组成部分。在运用摔法技术时，必须做到迅速、快捷将对手摔倒，而后实施擒拿或解脱，否则你此时暴露出的空当儿会成为对手猛烈攻击的靶子。因此，在实际生活中防卫者更应该练就扎实的基本功和掌握适合自己特点的快摔技法。下面介绍部分最常用的摔法基本功和技法以供学习。

第一节 摔法基本功
（Essential techniques of wrestling）

一、盘腿撩踢

以右盘腿为例。两脚呈开立步，两手成八字掌自然外张（图5-1-1）；重心移至左脚，身体以左脚掌为轴向右转，同时用髋关节带动右腿向里上盘腿撩踢（图5-1-2）；落地后再向外上盘腿撩踢（图5-1-3）。左盘腿与右盘腿方法相同，动作相反。

图5-1-1

图5-1-2

图5-1-3

要点：盘腿要迅速、自然，动作幅度尽量要大。

二、背步贴身靠

两脚呈前后开立步（图5-2-1），右脚背步于左脚后（图5-2-2），同时两手一前一后，上下外翻，接左脚上步成贴身靠状（图5-2-3）。可右脚上步按同样的方法，继续练习。不可偏重一侧。

要点：上下配合要协调，重心要稳，步法要轻灵。

图5-2-1

图5-2-2

图5-2-3

三、卧步抽腿

两腿开立与肩同宽，两手自然外张（图5-3-1），向左后转体180°卧步呈歇步状（图5-3-2、图5-3-3），然后，右腿由左腿膝上部位抽出转身还原（图5-3-4）。练习时要左、右兼顾，不可偏重一侧。

要点：抽腿主要是提高下肢的灵活性；右腿卧步与抽腿要尽量贴近左大腿外侧，重心要稳。

图5-3-1

图5-3-2

图5-3-3

图5-3-4

四、背步揣子

两腿前后呈开立步（图5–4–1），右脚向左腿前斜上一步，两手臂向前方一前一后伸出（图5–4–2），背左脚于右脚后，转体180°，低头下腰转脸，双腿蹬伸，同时两手向左下拉擦（图5–4–3～图5–4–5）。

要点：上步、转体、蹬伸与下拉要快速、连贯。

图5–4–1

图5–4–2

图5–4–3

图5–4–4

图5–4–5

五、背步勾子

两腿前后呈开立步，右脚背步于左脚后（图5–5–1、图5–5–2），撩起左腿，同时低头转脸，两手向右下紧手、拉擦（图5–5–3）。

要点：背步、转身要快，手脚配合要协调。

图5–5–1

图5–5–2

图5–5–3

六、上步抱腿

两腿前后呈开立步，含胸低头，上左脚紧跟右脚，同时，双手向内合抱（图5–6–1、图5–6–2，合抱的手法分十字扣与锁扣，这是摔法里面惯用的手上动作），深蹲抬头猛站起，向后甩腰（图5–6–3）。练习时要左、右兼顾，不可偏重一侧。

要点：深蹲要快速有力，臀部不宜后挺，抬头站起要突然、迅猛。

图5–6–1

图5–6–2

图5–6–3

七、长腰

两腿平行开立呈马步桩，身体稍向左转（图5–7–1、图5–7–2），同时，右腿向外伸直猛蹬呈弓步姿势，膝关节不超过脚尖，向左长腰、低头转脸，右手臂向左前伸出，左手拉至腰侧（图5–7–3）。练习时左、右交替进行。

要点：长腰时要低头转脸，蹬腿要稳健，上下配合要协调。

图5–7–1

图5–7–2

图5–7–3

八、插闪

两腿呈前后开立步，右腿向前直上一步（图5-8-1、图5-8-2），向左后转体180°，左脚贴地面向前上拦截，同时左手猛抖，右手向前捅（图5-8-3）。也可在行进中练习。

要点：要快速有力，刚柔相济。

图5-8-1

图5-8-2

图5-8-3

九、勾踢跪压

在立正的基础上，两手经胸前翻掌向上推举（图5-9-1），起右脚向前猛力勾踢，重心落于左脚微下沉（图5-9-2）；右脚脚尖外摆成弓步状，膝部向前下跪压（图5-9-3），实战状态如图5-9-4所示。

要点：重心要低，勾踢要轻擦地面；膝部向前下跪压要深。

图5-9-1

图5-9-2

图5-9-3

图5-9-4

第二节　快摔技法十八式
（Eighteen forms of quick wrestling techniques）

第一式　夹颈背快摔

实战姿势对立（图5–10–1）。当对手用右直拳（或摆拳）击打我头部时，我左手顺势挡抓其肘关节上端（图5–10–2）；右脚向对手右脚前上步，脚尖内扣，同时右臂前伸屈肘夹紧对手颈部，左脚背步与右脚平行，两腿屈膝，以右侧臀部贴紧对手前身（图5–10–3）；随后两腿蹬

图5–10–1

图5–10–2

图5–10–3

伸，向左下弓腰、低头将对手从我身上摔过（图5–10–4）；将对手摔倒后，腿向左侧伸出，臀部着地，侧身扑压在对手身上，随即右腿屈膝，左手抓其右前臂置于我右大腿上，向下别压对手肘关节，将其制服（图5–10–5、图5–10–6）。

要点：挡抓要准，夹颈要牢固，背步转身要快，弓腰、低头、蹬腿要协调有力。

图5–10–4

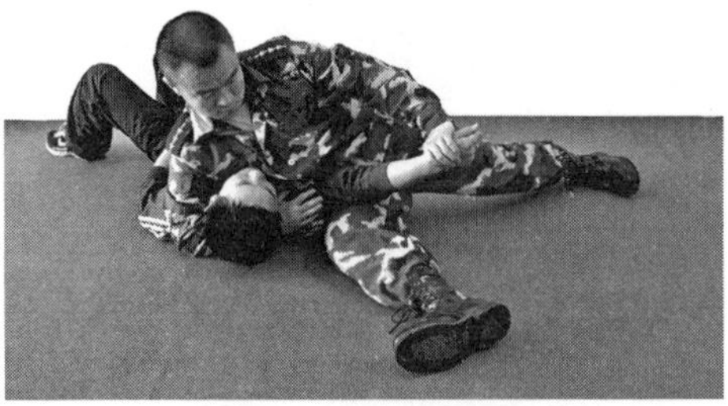

图5–10–5

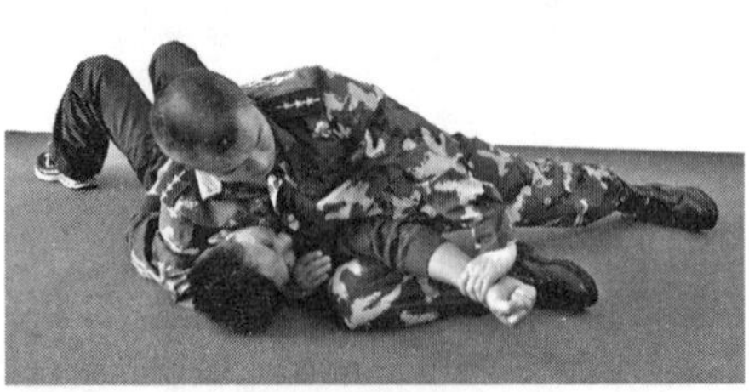

图5–10–6

第二式　抱腿过胸摔

当对手用左拳击打我头部时，我右手推拍（图5–11–1），同时向前下抢步（屈膝、弓腰），两手成十字扣合抱其单腿，左颈部紧贴其左大腿外侧（图5–11–2、图5–11–3），随后用蹬腿、挺身之合力将对手抱起，向后摔翻（图5–11–4），用侧倒砸肘击打对手心窝（图5–11–5）。

图5–11–1

图5–11–2

图5–11–3

图5–11–4

图5–11–5

要点：上步下潜要快，抱腿要紧，蹬腿、挺身、后仰要一气呵成。

第三式　抱臂别摔

当对手用左直拳（或摆拳）击打我头部时，我右侧闪（左脚在前），同时用右手臂向外挡抓（图5-12-1）；右脚背步与左脚平行，左手夹抱对手左上臂（图5-12-2）；随即用右手拉对手左手腕和向右转体、拧腰、别腿之合力将对手摔倒（图5-12-3、图5-12-4）。

要点：挡抓要快，夹臂要紧而有力，转体、拧腰、别腿要协调一致。

图5-12-1

图5-12-2

图5-12-3

图5-12-4

第四式　插裆扛摔

当对手用右摆拳击打我头部时，我左手向外挡抓其手腕（图5–13–1），上右步屈膝下蹲，同时右臂由对手两腿间穿过由里向外抱其单腿（图5–13–2）；随即起身用左手向左下拽拉对手右手臂与右肩扛顶之合力，起身仰转将对手摔翻（图5–13–3）；然后两手猛力向上提拉对手右手臂，将其面朝下、右臂从其额下缠绕一圈猛力上提，再起右膝顶击其背部（图5–13–4、图5–13–5）。

要点：挡抓要准，上步屈蹲、抱单腿要快，扛摔要有力，上下配合要协调；提拉对手右手臂与顶击背部要猛。

图5–13–1

图5–13–2

图5–13–3

图5–13–4

图5–13–5

第五式 绕臂掰颈摔

当对手用右摆拳击打我头部时，我左手向外格挡，并拿其胳膊（上手向内磕打其前臂，底手拉掳其肘），顺势向右下拽拉（图5-14-1、图5-14-2），随即左手向前掰拧其颈部并贴身（图5-14-3、图5-14-4）；然后向后撤一步将其摔倒，用右拳击打对手要害部位（图5-14-5、图5-14-6）。

要点：拿胳膊要准确，掰颈要猛，撤步要快，击打要害要狠。

图5-14-1

图5-14-2

图5-14-3

图5-14-4

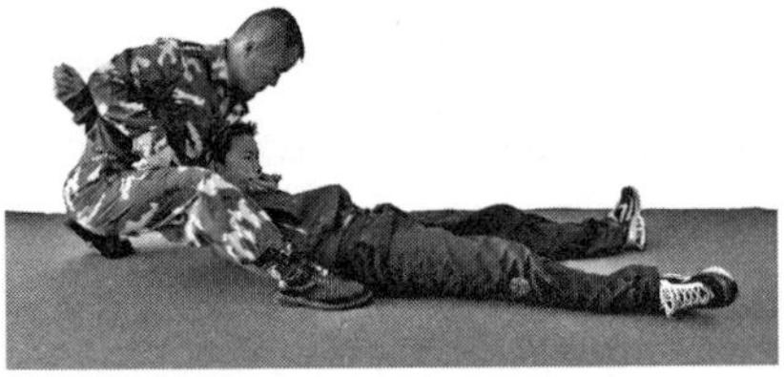

图5-14-5

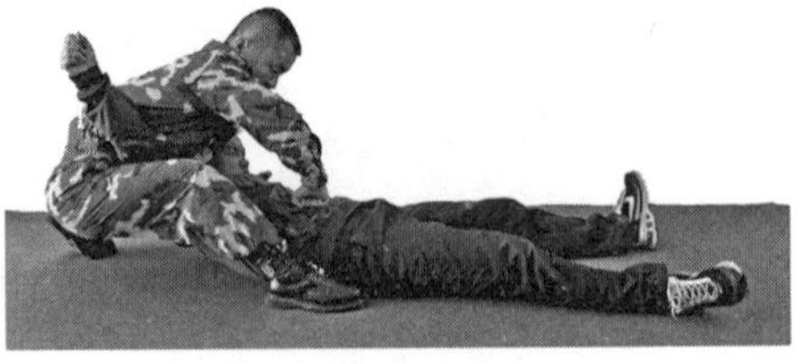

图5-14-6

第六式　抱腿过肩摔

当对手用前蹬腿攻击我胸部时，我迅速侧闪，同时两手抄抱其小腿（图5–15–1）；右脚向左脚后背步，并屈膝跪地，同时将对手腿抬至我左肩上，用低头、弯腰、掰腿之合力将其从我肩上摔过（图5–15–2～图5–15–4），然后借机倒地横踢对手头部（图5–15–5）。

要点：接腿要准，抓握要牢固，转身要快，低头、弯腰、掰腿要协调有力。

图5–15–1

图5–15–2

图5–15–3

图5–15–4

图5–15–5

第七式　接腿绊摔

当对手用前鞭腿攻击我中、上盘部位时，我侧闪步，同时两手抄抱其小腿，右脚背步于左脚后（图5–16–1、图5–16–2）；随即左腿随上体右转旋压之势，绊对手支撑腿膝窝以上部位将其摔倒，然后用左膝跪撞裆部将对手制服（图5–16–3、图5–16–4）。

要点：侧闪抄抱要快、准，背步、旋压与绊腿要协调有力，撞裆要狠。

图5–16–1

图5–16–2

图5–16–3

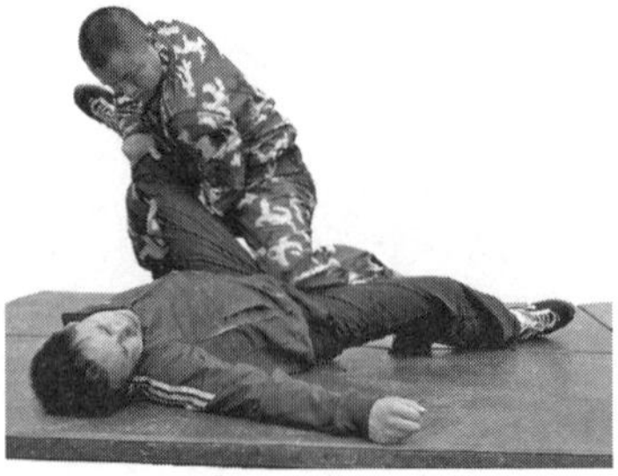

图5–16–4

第八式　接腿涮摔

当对手用左前蹬腿攻击我中盘部位时，我两手相合抄抱其脚踝（做到含胸收腹，图5–17–1），后脚撤步，同时借助惯性，两手向右侧下方拽拉对手左腿，再向左上方成弧形将其拉腿涮倒（图5–17–2、图5–17–3）；然后两手上提对手左腿，再起右腿猛踹其腹部（图5–17–4）。

要点：接腿要准，抓握要牢固，右侧下拉和弧形涮摔的动作要协调、连贯、有力。

图5–17–1

图5–17–2

图5–17–3

图5–17–4

第九式　掀腿压颈摔

当对手用后腿横踢我上体时，我侧闪进步，同时两手抄抱其小腿（图5–18–1）；接左手紧抱对手腿部，右手迅速前伸至其颈后（图5–18–2），然后用左手上抬、右手下压与右脚勾踢对手支撑腿之合力将其摔倒（图5–18–3），再起脚击打对手背部要害部位，将其制服（图5–18–4、图5–18–5）。

要点：侧闪抄抱要准确、有力，掀腿、压颈与勾踢要协调有力。

图5–18–1

图5–18–2

图5–18–3

图5–18–4

图5–18–5

第十式　接腿勾摔

当对手用后鞭腿攻击我中、下盘部位时，我迅速左手单臂抄抱其小腿，右直拳击对手面部（或用插掌击对手眼睛，图5–19–1、图5–19–2）；然后左脚前进步，用右腿由外向里、向后搂提对手支撑腿与右手臂推顶对手下颏之合力将其向前摔倒（图5–19–3～图5–19–5）。

要点：抱腿要紧，上步要快，搂提支撑腿与推顶下颏要协调有力。

图5–19–1

图5–19–2

图5–19–3

图5–19–4

图5–19–5

第十一式　拧踝跪膝摔

当对手起右腿横踢我上体时，我侧闪，同时抄抱其脚踝（或小腿，图5-20-1）；随即用左手臂紧抱对手脚踝，右手抓握其脚跟（图5-20-2），右脚向前上步的同时，身体向右下转体翻拧其踝关节，迫使其面朝下摔倒（图5-20-3）；然后左膝迅速跪顶对手膝窝，右手抓握对手脚尖，身体稍右转，同时右手向右拧折对手踝关节，将其制服（图5-20-4）。

要点：接腿要准，抱腿要紧，跪膝要快，翻拧脚踝要迅猛。

图5-20-1

图5-20-2

图5-20-3

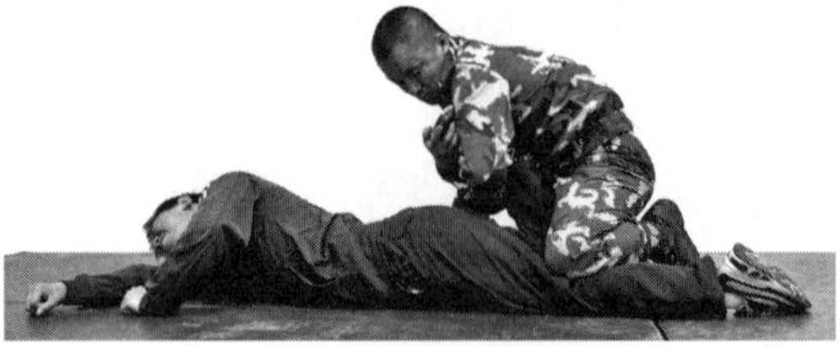

图5-20-4

第十二式 抓衣领过背摔

我主动进攻防卫，双手反抓对手衣领（右脚在前，图5-21-1），随即后脚背步转身，两脚平行，腿微屈（图5-21-2）；用两腿蹬伸、向下弓腰、低头的劲力将对手从头顶摔过，然后双手掰拧对手颈部将其制服（图5-21-3、图5-21-4）。

要点：抓衣领要紧，背步转身要快，蹬腿、弓腰、低头要连贯有力。

图5-21-1

图5-21-2

图5-21-3

图5-21-4

第十三式　抱腿顶摔

我主动进攻防卫，前手弹拳击打对手面部（图5-22-1），趁其后仰之机，突然下蹲潜入，两手合抱其双腿，左侧颈部贴紧对手侧腰（图5-22-2），随即上步，用肩顶、后拉、俯冲之合力将其摔倒（图5-22-3）；然后，两手紧抱其大腿将对手向右后翻转180° 面朝下，接着用后仰、挺腹下压之合力将其制服（图5-22-4、图5-22-5）。

要点：下潜要快，抱腿要紧，肩顶、后拉要协调有力，翻转要迅猛。

图5-22-1

图5-22-2

图5-22-3

图5-22-4

图5-22-5

第十四式　后抱过胸

当与对手对面站立时，我主动拿其胳膊（上手向内磕打其前臂，底手拉掳其肘），顺势向左下拽拉（图5–23–1、图5–23–2），同时左脚向其外侧上步，接上右脚绕环步至对手右脚后，右臂由对手右腋下穿过，随即两手合抱对手腰部，两腿微屈（图5–23–3、图5–23–4）；用双脚蹬地、向后弓腰、挺身、仰头之合力将其摔翻（图5–23–5）。

要点：抢抓、上步转身要快，抱腰要紧，向后弓腰、挺身、仰头要协调有力。

图5–23–1

图5–23–2

图5–23–3

图5–23–4

图5–23–5

第十五式　折腰勾腿摔

当对手欲搭肩搂抱我时（图5-24-1），我左手向上八字掌挑起其手臂，向前贴身、起右腿，由外向里搂提对手左腿膝窝（图5-24-2、图5-24-3）；同时两手猛力搂抱其腰部，用上体前压、勾腿之势迫使对手倒地（图5-24-4）。

要点：搂抱要紧，搂腿、压胸要猛，要有向前的冲劲。

图5-24-1

图5-24-2

图5-24-3

图5-24-4

第十六式　压颈搂膝摔

当对手抱我单腿时（图5–25–1），我迅速屈膝、坐腰，重心下沉，随机用左手下压对手颈部，右手由外向里搂其大腿猛向怀里收（图5–25–2、图5–25–3），顺势带动对手，用向后滚翻的姿势将其摔翻并骑压，再用拳击打对手要害（图5–25–4、图5–25–5）。

要点：重心下沉要快，压颈、搂膝、后滚翻要协调有力。

图5–25–1

图5–25–2

图5–25–3

图5–25–4

图5–25–5

第十七式　仰卧反攻

我仰卧，当对手骑坐于我腹部，双手卡我喉部时（图5–26–1），我立即左手八字掌向上抓其手腕，右手抓其脚踝（图5–26–2）；迅速向上挺胯，同时向右翻转成仰卧姿势进行解脱（图5–26–3），接右手掰拧对手脚踝动作将其制服（图5–26–4 ~ 图5–26–6）。

要点：抓手腕、脚踝要准确，挺胯要有爆发力，翻转过程中抓握脚踝要牢固。

图5–26–1

图5–26–2

图5–26–3

图5–26–4

图5–26–5

图5–26–6

第十八式　提颈翻转摔

当对手潜入抱我前腿时，我迅速俯身、撤腿（图5-27-1、图5-27-2），随即用双手合抱搂住对手的颈部（右手由其颈外侧向里穿过，左手由其腋窝下插入到喉结，用大拇指顶住，双手形成打扣，图5-27-3），左肘锁住对手右臂将其头挤于腹部，双手用力的同时挺胯，向左侧翻转身体，将其摔倒（图5-27-4）。

要点：俯身、撤步要快，提颈发力时，卡锁喉结要紧，使对手头不能偏侧。

图5-27-1

图5-27-2

图5-27-3

图5-27-4

（正面图）

第六章　擒拿与躲、夺凶器技法
（Techniques of capture, dodging and seizing lethal weapons）

学习目标

1 掌握基本擒拿技法，并能熟练运用

2 了解有效防卫凶器的技能技法

擒拿法，是利用人体关节、筋脉、穴位和要害部位，运用切、点、锁、别、击打、拧转等方法，“拿其一点，而制全身”的一种技法，是捕俘、擒敌的常用方法。

第一节　主动擒拿技法
（Active capture technique）

主动擒拿技法是指在我方有准备、有察觉和有条件的情况下，出其不意、攻其不备，稳、准、狠，先发制敌的防卫动作。

一、卷腕

当遇到用右手抓握对手左手的情况下，随即右手迅速提腕（拇指点按其手背第4、第5掌骨间隙下段，其余四指扣握手心和掌根处，图6–1–1）；左手同时以八字掌握对手左腕助力，向上、向右卷腕，迫其就擒（图6–1–2）。

图6–1–1

图6–1–2

要点：右手抓握要准确得法，提腕和左手助力卷腕要迅速敏捷。

二、转身扛肘

我右手快速正手抓握对手手臂向后拉（图6–2–1），随即上步向右后转身，同时两手抓握歹徒手臂将其肘关节以我肩部为支点反扛（利用杠杆原理，向平常弯屈的相反方向折），向前下猛压（图6–2–2、图6–2–3）。

要点：抓手要准，上步、拉臂、转身、扛肘要协调、快速。

图6–2–1

图6–2–2

图6–2–3

三、扑面撩裆

当对手与我对面站立，对我人身造成威胁时，我前手突然五指张开扑抓其面部（图6-3-1、图6-3-2），趁其后仰之机，起右腿用脚尖向上撩击其裆部（图6-3-3）。

要点：左手扑面要突然，右脚撩击要快、准。右脚盘踢如同踢毽子的动作（图6-4）。

图6-3-1

图6-3-2

图6-3-3

图6-4

四、击腹别臂

当对面接近对手右侧时，我左脚在前，左前臂外挡对手右前臂（图6–5–1），同时以右勾拳猛力勾击其腹部（图6–5–2）；乘其收腹弯腰之机，左前臂从对手右臂内侧穿过上挑；同时身体向右转体（图6–5–3～图6–5–5），右手由上扳住对手肘部向怀里猛拉，左肘上翻，右手扒住其上臂下压；然后起左腿猛绊对手脚根，将其摔倒，随即以扒肩折腕动作将其制服（图6–5–6）。

要点：击腹要狠，拉肘别臂要快，下压绊腿要猛，折腕要狠。

图6–5–1

图6–5–2

图6–5–3

图6–5–4

图6–5–5

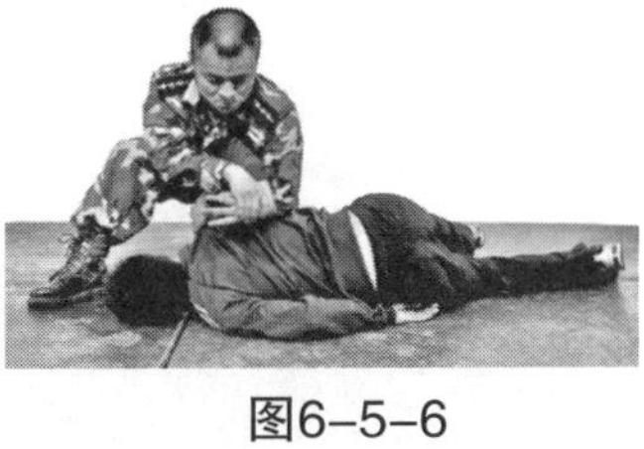

图6–5–6

五、抱膝压伏

当接近对手背后时（图6–6–1），两手抱膝以后拉肩顶臀部之合力将其摔倒（图6–6–2、图6–6–3），接向前上步骑压对手腰部（右腿跪，左腿伸）；随即左手拍抓对手后脑猛力下压（图6–6–4），趁其上顶之机，右手从其颏下穿过，左手握住右手腕，迅速屈肘上提紧锁对手喉部（图6–6–5）。

要点：后拉肩顶要协调一致，骑压要快，锁喉要狠。

图6–6–1

图6–6–2

图6–6–3

图6–6–4

图6–6–5

由后以抱膝顶摔技法将对手摔倒后，还可使用以下三种制擒方法：

（1）将对手摔倒后，迅速向前上步骑压其腰部（右腿跪，左腿伸），随即用左手卡脖，右拳掼耳进行击打（图6–7）。

（2）将对手摔倒后，迅速向前上步骑压其腰部（右腿跪，左腿伸），随即右手猛力锁喉，同时用左手掌拍击对手后脑，接顺势向前下伸，用手指抠其双眼（图6–8）。

（3）将对手摔倒后，迅速向前上步骑压其腰部（右腿跪，左腿伸），左手从对手左臂腋下穿过按住后脑，右手迅速从对手右侧颏下穿过，抓住其左衣领；然后以左手按头、右手抓领后之绞力将其制服（图6–9）。

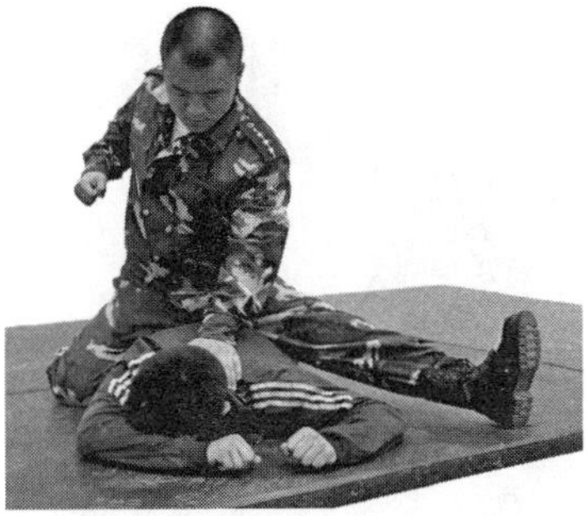

图6–7

图6–8

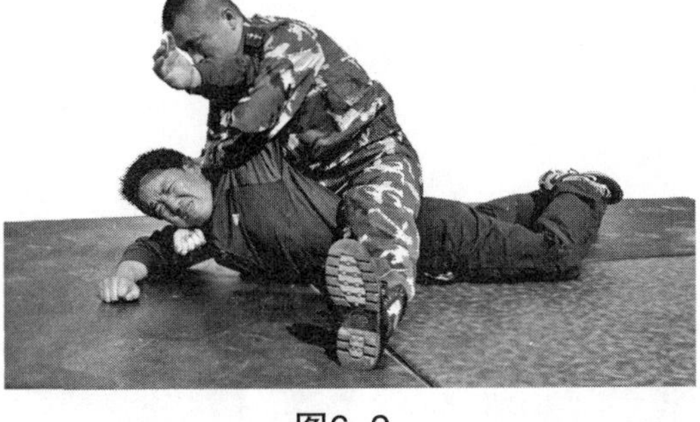

图6–9

六、掏裆砍脖

当接近对手背后时，可左脚在前，向其右脚外侧上步，左手由后插裆（图6–10–1），随即右脚向前上步，用左手后拉上提、抓裆部与右手横掌猛砍对手脖颈之合力将其摔倒（图6–10–2、图6–10–3）；迅速上步骑压其腰部（右腿跪，左腿伸），用左手卡脖，右手挥拳击打对手头部（图6–10–4）。

要点：掏裆、上步砍脖要协调一致，骑压要快，挥拳打击要狠。

图6–10–1

图6–10–2

图6–10–3

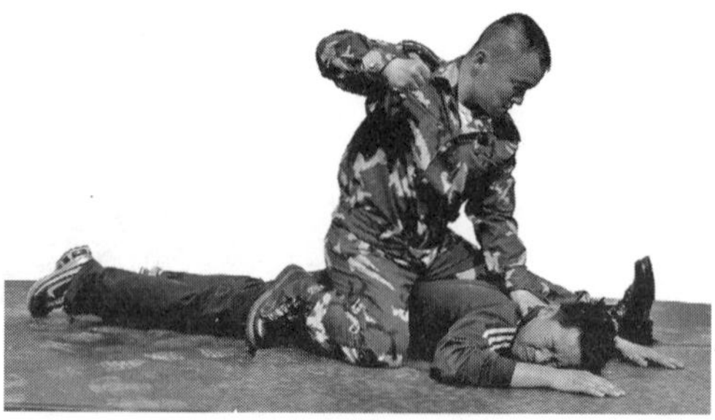

图6–10–4

七、踹腿锁喉

当接近对手背后时，用右截腿猛踹对手膝窝（图6-11-1），趁其后仰之机，右手臂插入其颏下，以前臂前端卡锁对手咽喉，左手抓握右手腕（图6-11-2）；右手变拳同时右脚后撤一步，使用后拉下压动作将其拖倒（图6-11-3）。

要点：踹腿要猛，锁喉要狠，撤步、后拉要迅速。

图6-11-1

图6-11-2

图6-11-3

八、截腿锉喉

当接近对手背后时，左手前伸拍打对手左肩（图6–12–1），趁其后转之机，起右脚猛力截击对手下盘右膝窝，迫使其跪地（图6–12–2、图6–12–3）；随即用左手前臂顶抓后脑和右手从对手右侧颏下穿过抓住左下颏（图6–12–4），向右扳拧转体之合力将其制服（图6–12–5）。

要点：截击要猛，锉喉要狠，动作要迅速连贯、一气呵成。

图6–12–1

图6–12–2

图6–12–3

图6–12–4

图6–12–5

第二节　被动擒拿技法
（Passive capture technique）

被动擒拿技法是指当我身体的某个部位，如手腕、上臂、腰、头、裆等部位被对手攻击时，我以突然而迅速的动作进行防守或解脱，后发制敌的防卫技术。

一、手腕被抓的解脱防卫

当对手正手抓住我手腕时（图6–13–1），我可先向前推力（图6–13–2），随即借助惯性采取手掌内旋、下压、回拉和肘关节上抬的方法进行解脱（图6–13–3）。

要点：向前推力要自然，手掌外旋、下压、回拉的动作要快。

图6–13–1

图6–13–2

图6–13–3

二、手腕被抓的擒拿防卫

图6-14-1

当对手右手正抓我右手腕时（图6-14-1），我左手猛拍其手背并扣紧，稍向里带，尽量拉直对手手臂（图6-14-2），随即向右转体，以右手小指外缘顺着对手手腕，猛力向上、向外缠绕下切（图6-14-3），并两手同时用力，用肘关节向前紧顶下压对手肘关节将其制服（图6-14-4）。如遇到对手劲力强大，难以擒拿或解脱时，可用缠腕回拉、侧踹腹动作反击（图6-15）。

要点：扣手要紧，外旋、切腕要突然。

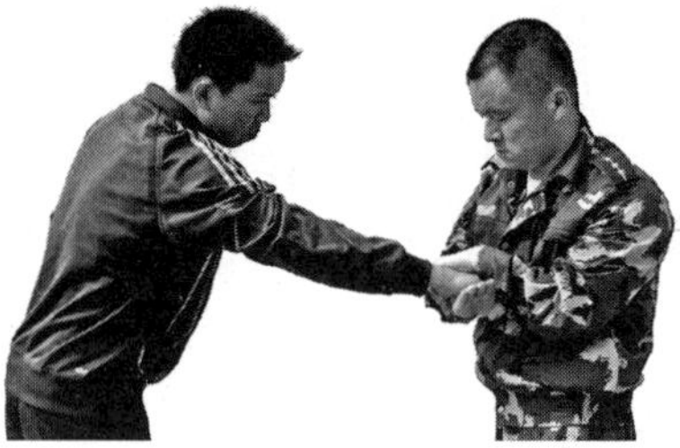
图6-14-2

图6-14-3

图6-14-4

图6-15

三、前衣领（或胸部）被抓的擒拿防卫

（1）当对手从正面右手抓住我衣领（或胸部）时，我迅速右手扣抓对手手背，四指扣入其小指外缘内（图6–16–1、图6–16–2）；突然抓住时机上体右转，同时以左上臂前侧向右猛别对手肘关节（图6–16–3）。

要点：扣抓要紧，转身别肘要迅速、突然。

图6–16–1

图6–16–2

图6–16–3

（2）当对手由前抓住我衣领（或胸部）时（图6–17–1），我突然向侧面转身，从其抓握手的上方收回上臂压折手腕（图6–17–2），然后用鞭拳反击对手颈部或脸侧（图6–17–3）。

要点：转身要突然，压腕、鞭拳要快速、有力。

图6–17–1

图6–17–2

图6–17–3

四、后衣领被抓的解脱防卫

当对手右手由后止抓我衣领时，我右脚迅速后撤一步（图6–18–1），同时向右后转身，用右前臂向外格挡其肘关节（图6–18–2）；随即左脚进步，起右膝顶击对手要害部位（图6–18–3）。

要点：撤步、转体及格挡要迅速，进步顶膝要准、狠。

图6–18–1

图6–18–2

图6–18–3

五、头发由前被抓的解脱防卫

当对手由前抓我头发时（图6–19–1），我一手迅速扣握其手背，同时左直拳击肋（图6–19–2）；随即用头向前下顶、双手合力折腕下压和前脚后撤步之势翻转手腕将对手拉倒（图6–19–3、图6–19–4）。

要点：扣手要紧，击肋要准，撤步要快而有力。

图6–19–1

图6–19–2

图6–19–3

图6–19–4

六、头发由后被抓的解脱防卫

（1）当对手由后抓住我头发（或衣领）时（图6–20–1），我一腿向前上一步，顺势起另一腿后蹬对手裆部（或腹部）（图6–20–2），乘其疼痛弯腰之机，用转身鞭拳向后击打其颈部（图6–20–3）。

要点：后蹬动作要快、准，鞭拳击颈要猛。

图6–20–1

图6–20–2

图6–20–3

（2）当对手由后用右手抓住我头发时（图6–21–1），我迅速以右手紧扣其手指，左脚后撤一步，同时以左肘（或拳）击打对手肋部（图6–21–2、图6–21–3）；然后左手前臂向下砸压其肘关节（图6–21–4），低头侧前顶并弯腰转体成下蹲姿势（图6–21–5）；利用两手折腕下压和使对手肘关节根部以我膝关节为支撑点的合力将其制服（图6–21–6）。

要点：转身击肋要猛，压肘、折腕要准确、协调、有力。

图6–21–1

图6–21–2

图6–21–3

图6–21–4

图6–21–5

图6–21–6

七、从正面被抓住肩部时的防卫

当由正面被对手抓住肩部时（图6-22-1），我用两手指爆发用力，插击对手两肋（图6-22-2），趁其向后缩身之机，两手向外格挡（图6-22-3），随即双手抱握对手脖颈向下回拉，一腿冲膝前顶，击打其面门或心窝部位（图6-22-4、图6-22-5）。

要点：插肋要狠，抱握脖颈向下回拉和冲膝前顶要协调、用力要猛。

图6-22-1

图6-22-2

图6-22-3

图6-22-4

图6-22-5

八、脖颈由前被抓、推时的防卫

当对手从正面抓住我脖颈部位并猛力推、拉时（图6–23–1），可用双手紧抓对手双肩，借助对手向前推的劲力主动后倒，同时一腿屈抬，用脚蹬住对手腹部，将其凌空蹬翻（图6–23–2～图6–23–4），我顺势后滚翻骑压对手腹部，用拳击打其头部（图6–23–5）。

要点：双手抓肩、顺势后倒要突然（倒地时收下颏、抬头，避免后脑着地），蹬腹时腿要用力支撑，后滚翻骑压要及时。

图6–23–1

图6–23–2

图6–23–3

图6–23–4

图6–23–5

九、腰部由前被搂抱时的解脱防卫

当对手由前搂抱我腰部企图将我抱起或已抱起（但手臂未被同时抱住）时（图6–24–1），我迅速以两手立掌推击其面部（图6–24–2），趁其后仰之机，用右横击肘击打对手头部给以重创（图6–24–3）。

要点：推面要突然，肘击要准、狠。

图6–24–1

图6–24–2

图6–24–3

十、腰、臂连同由前被搂抱的解脱防卫

当我腰、臂连同由前被对手搂抱住时，我有意上体后仰（图6–25–1）；突然用头部前发际以上2厘米处猛力向前撞击对手面部（图6–25–2），趁对手疼痛之时用前顶膝击打其裆部（图6–25–3）。

要点：头部撞击要突然，前顶膝要迅猛、准确。

图6–25–1

图6–25–2

图6–25–3

十一、腰部由后被抱的解脱防卫

当对手由后抱住我腰时（图6–26–1），我左手迅速抓握对手右手腕下压（图6–26–2），随即上体向右后转身，以右后顶肘猛击对手面部（图6–26–3），乘其松手之机，我左脚上步，右手向上挑其肘关节（图6–26–4），右后转体，左脚上步，以左手向前折压对手右手腕与携臂扒肩动作将其制服（图6–26–5）。

要点：抓腕要准，肘击头部要狠，携臂扒肩要快。

图6–26–1

图6–26–2

图6–26–3

图6–26–4

图6–26–5

十二、腰、臂连同由后被抱的解脱防卫

（1）当我腰、臂连同由后被对手抱住时（或已抱起），迅速使用一只脚由外向里缠绕其腿部，同时身体重心用力后仰贴身将其绊倒，此技法一般都是先后倒地，我背靠砸压在对手身体上（图6–27–1、图6–27–2）。

要点：缠绕要迅速、贴紧，背靠要贴身、迅猛。

图6–27–1

图6–27–2

（2）当我腰、臂连同后背被对手由后搂抱住时（图6-28-1），突然使用双臂用力前伸抬肘，同时下蹲缩身（图6-28-2）；接左手抓握对手右手腕，侧身右手向后拍击其裆部（图6-28-3），左手继续抓握对手右手腕下拉，右手夹其上臂，用力使用贴身过背摔动作将对手摔倒，然后用拳击打其面部（图6-28-4～图6-28-6）。

图6-28-1

要点：双臂前伸抬肘、下蹲缩身要突然，击裆要狠，使用摔法要贴身、协调有力。

图6-28-2

图6-28-3

图6-28-4

图6-28-5

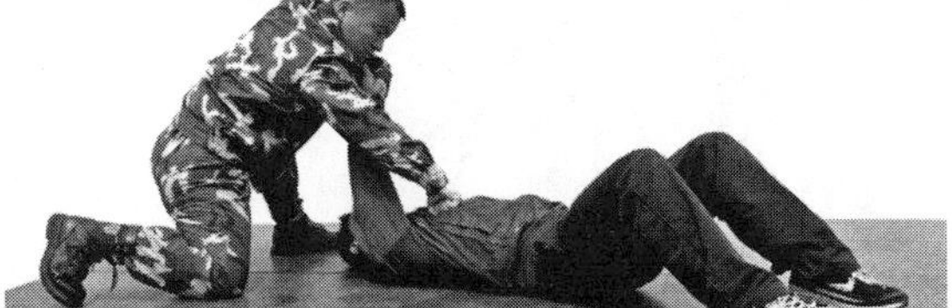

图6-28-6

十三、肩部由后被抓时的防卫

当对手突然由侧后方用左手抓住我右侧肩部时（图6–29–1），我迅速用左手抓握其手腕，并固定住（图6–29–2）；随即用右臂由下向上，并同时向外翻绕拧对手肘关节将其擒拿（图6–29–3、图6–29–4）。

要点：右手臂绕拧的部位要准确，发力要突然。

图6–29–1

图6–29–2

图6–29–3

图6–29–4

十四、喉部被锁时的解脱防卫

当对手由后以右臂锁住我喉部时（图6–30–1），我右手迅速扣握其手腕并下拉，以防被锁紧（图6–30–2），随即用左手向后拍击对手裆部（图6–30–3）；乘其疼痛收腹弯腰之时，左脚后撤一步，同时两手抓握对手右手腕，将其手臂从我头上绕过下拉外拧（图6–30–4、图6–30–5），接着用右腿猛力踢击对手面部，将其制服（图6–30–6）。

要点：扣握下拉要快，击裆要狠，踢击面部要准。

图6–30–1

图6–30–2

图6–30–3

图6–30–4

图6–30–5

图6–30–6

十五、手臂被擒拿时的防卫（叉步靠摔）

当对手由后用双手反拧我手臂时，我向后俯身（图6-31-1），同时一脚迅速撤步置于对手两腿后侧，一手由里向外掏抱其大腿根部（图6-31-2），随即利用抱腿靠身之合力将对手摔倒（图6-31-3、图6-31-4）。

要点：撤步俯身要快，抱腿靠摔要连贯、迅速。

图6-31-1

图6-31-2

图6-31-3

图6-31-4

第三节　躲、夺凶器技法
（Dodging and seizing lethal weapons）

徒手对付手持凶器的对手，一般危险性大，对完成动作质量要求较高。我们在对付手持凶器的对手防卫时，总体要按照以下几点要求去进行：

（1）在面对手持凶器的对手时，一定要保持头脑冷静，机制灵活，随机应变，善于观察地形、地物；要抓住一切有利时机用快速、准确、猛力的攻防技术去击打其要害，尽可能地做到一招制敌。

（2）面对手持凶器的对手时，在不使用武力就能解脱的情况下应尽量避免与来犯者发生冲突，要通过智斗或迅速逃跑的方式进行解决，这也正如古代兵法中所讲到的“三十六计，走为上计”。

（3）面对手持凶器的对手时，要做到“遇短勿进，遇长勿退”，如遇到匕首、菜刀等短凶器时，要首先明白短凶器具有刺、撩、砍等特点的主要进攻方法，然后不要去靠近，在实在无法回避的情况下要使用简捷、快速、实用的动作技术方法进行解决；如遇到木棍、铁锹等长器械时，要首先明白长器械多以上盖、横打、下扫、戳为特点的主要进攻方法，然后采取躲闪、抢攻、进步等方式想办法去靠近，实施动作击打。

武谚解释：

三十六计，走为上计。是指在不利的情况下，勉强支撑就会充满危机，而及时避开可能转败为胜或不受损失，故称作“走为上计”。

以下有10种躲、夺凶器技法供练习者参考：

一、利用就便器材对付短凶器的防卫

可利用随身携带的衣物（使用格挡、撩甩等动作使其凶器不能发挥作用，图6-32-1、图6-32-2）、手中的雨伞（利用雨伞比短器械长的特点戳击对手的眼睛或咽喉，图6-32-3）、板凳（格挡，图6-32-4）、身边随手的短棍（发挥短棍比匕首长的作用）等物品进行防守和反击，在特殊情况下，也可用提前准备好的强光手电、腰带、手提包等物品作为防卫武器，应急防身。

图6-32-1

图6-32-2

图6-32-3

图6-32-4

二、弹踢手腕

当对手用匕首（或菜刀）和我对峙时（图6–33–1），我突然向侧方向大喝一声“嘿”，分散其注意力，同时起脚踢击其手腕部位，将手中匕首踢飞（图6–33–2）。

要点：踢腕要快速、准确、有力。

图6–33–1

图6–33–2

三、倒地扫腿

当对手用匕首向我刺来时，我下躲闪，同时迅速倒地，使用扫腿击打其支撑脚，将其击倒（图6–34）。

要点：倒地扫腿要突然、快速、准确、猛力。

图6–34

四、转身扛肘

当对手用匕首向我胸腹部位刺来时（图6–35–1），我迅速侧闪开，同时一手抓腕，一手托肘（图6–35–2），随即两手抓握对手手臂将其肘关节以我肩部为支点反扛（利用杠杆原理，向平常弯屈的相反方向折），向前下猛压（图6–35–3）。

要点：侧闪要快，抓腕要紧，上步、转身、扛肘要协调、快速。

图6–35–1

图6–35–2

图6–35–3

五、夹臂夺匕首

当对手右手持匕首向我腹部刺来时，我向左横移步闪躲，同时近身用左前臂（内侧）格挡并抱抓对手肘关节，右手抓握其手腕（图6–36–1、图6–36–2）；随即利用右脚向右后撤步（图6–36–3）、转体旋压之势将对手面朝下摔倒（图6–36–4），左膝顺势跪地，左臂外翻由上向下挟抱对手上臂，同时臀部着地，左臂下压对手右上臂，顺势用左手抓握其前臂，右手抓握其手腕，左胸抵紧对手肩关节，两手携力扳别对手肘关节，右手折腕夺匕首（图6–36–5）。

要点：闪躲、格挡要快，抓腕要紧，旋压要猛，压肘折腕要狠。

图6–36–1

图6–36–2

图6–36–3

图6–36–4

图6–36–5

六、夹臂击头

当对手在我身后突然用右手持匕首（或手枪）威胁我腰部时（图6–37–1），我右后转身，同时右脚后撤步，用右前臂向外拨挡其右前臂（图6–37–2）；我右前臂向上屈抬，上臂与前臂夹住对手右上臂，左手迅速用摆拳猛击打其后脑（图6–37–3），同时起右脚向上撩踢对手面部（图6–37–4）。

要点：转身、撤步要快，夹臂要紧，拳击、撩踢要狠。

图6–37–1

图6–37–2

图6–37–3

图6–37–4

七、侧闪掰颈

当对手右手持菜刀向我砍击时（图6–38–1），我侧闪，同时左手推拍其肘关节，右手抓握其手腕（图6–38–2、图6–38–3）；随即左手从其脖颈侧穿过，使用贴身、掰颈动作将对手制服（图6–38–4）。

要点：侧闪要迅速，推肘、抓腕要准；掰颈要猛力，要向前贴身。

图6–38–1

图6–38–2

图6–38–3

图6–38–4

八、侧闪踢裆

当对手右手持菜刀向我砍击时，我侧闪，同时起脚击打其裆部（图6–39）。

要点：侧闪要快，起脚踢裆要准、狠。

图6–39

九、闪躲击面

当对手持长棍横扫我下盘时，我双脚起跳进行躲闪（图6–40–1、图6–40–2），随即用右鞭腿击打其面部（图6–40–3）。

要点：判断扫棍路线要准确，起跳要迅速，鞭腿要狠。

图6–40–1

图6–40–2

图6–40–3

十、抓棍踹膝

当对手持木棍向我攻击时，我迅速贴身靠近，一手抓握其木棍，另一手用直拳击打其面部（图6–41–1），然后向回夺棍同时，用截腿击打其膝关节部位（图6–41–2）。

要点：上步贴身要快，抓棍要准确，直拳要猛力，截腿要狠。

图6–41–1

图6–41–2

第七章　身体素质训练方法
（Training methods of physical fitness）

学习目标

1 掌握身体素质和身体各部位的练习方法

2 了解功力训练的方法，提高自身功力素质

身体素质包括力量、速度、耐力、柔韧、灵敏及功力等，它是武术防卫技术的基础。身体素质训练就是通过各种练习方法和手段对学生各器官系统施以影响，使学生的机能能力和素质得到提高和发展的练习过程。

第一节　力量素质训练
（Strength training）

力量素质，是指人体肌肉工作时克服阻力的能力（俗称爆发力，也可指人体在最短时间内，表现出最大力量的能力）。在武术防卫中力量起着非常重要的作用，我们通常讲“四两拨千斤”，但必须有“千斤力在后”的基础。力量是掌握运动技术，提高运动成绩的基础。根据武术防卫的特点，应多以发展速度型力量和爆发力为主。

一、提高力量训练的方法

1. 上肢力量训练

（1）俯卧撑：面朝下，两手臂分开约与肩同宽，用手臂和脚尖支撑

身体重心，头、臀部与脚后跟成同一水平线（图7–1–1）；然后手臂由屈到伸挺，分别做拳法撑、掌法撑及指法撑等（图7–1–2）。随着训练水平的不断提升，可发展至单臂侧撑（图7–1–3）；也可将后脚抬高放于支撑物上做俯卧撑（图7–1–4）。采用的呼吸方法是：手臂将身体撑起时吸气，下落时呼气。

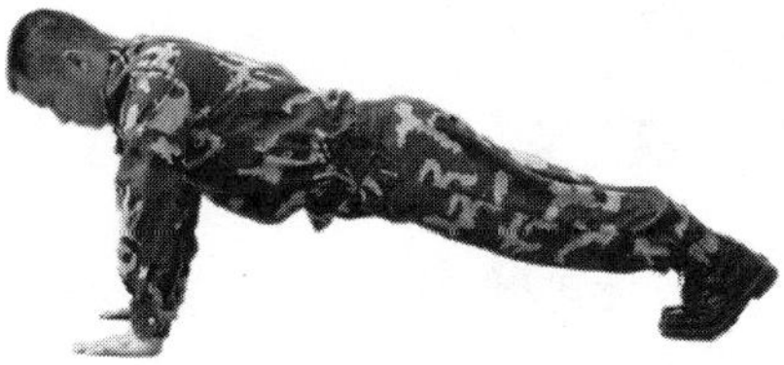

图7–1–1

图7–1–2

图7–1–3

图7–1–4

（2）铁牛耕地式撑：身体俯卧挺直，两手十指伸直分开撑地（以指尖着地，掌心悬空），两臂伸直；两腿靠拢挺膝伸直，两脚尖撑地，身体悬空；然后依次将身体按照后引、下降、前移、推撑的顺序向前移至最大限度，抬头撑臂（图7–2–1 ~ 图7–2–3）。采用的呼吸方法是：手臂将身体向前撑起时吸气，向后回拉时呼气。

图7–2–1

图7–2–2

图7–2–3

（3）引体向上：两手正握单杠（反握亦可），使身体悬垂，然后手臂用力将身体向上拉引，使下颚尽量贴近单杠（图7–3–1、图7–3–2）。拉引速度分为快、慢两种，或慢起慢放，或快起快放。采用的呼吸方法是：手臂将身体向上拉引时吸气，向下时呼气。循环练习。

图7–3–1

图7–3–2

（4）双杠臂屈伸：两手正握双杠杠端，然后手臂以肘关节为轴由屈到伸挺，做上撑、下放运动（图7–4–1、图7–4–2）。采用的呼吸方法是：手臂向下弯屈时吸气，向上伸挺时呼气。

图7–4–1

图7–4–2

（5）倒立：俗称拉大鼎，它是武术防卫运动的基本功法训练之一。主要锻炼上肢的支撑力量和提高身体的平衡能力。常见的有双臂鼎、单臂鼎、肘鼎、屈伸推鼎和头鼎等。

练法：可将身体靠墙倒立（刚开始练习时可找同伴帮助用手扶立），用两手掌或握拳用拳面支撑身体重心，上下基本成一垂直线，要做到顶肩、立腰、并腿绷脚面（图7–5–1），此为双臂鼎；随着力量和平衡能力的逐渐增加，可发展至上下屈伸推鼎（图7–5–2）；单臂鼎（图7–5–3）；倒立行走（图7–5–4）。保持自然呼吸。

图7–5–1

图7–5–2

图7–5–3

图7–5–4

（6）推小车：双腿被同伴抬起，双臂支撑身体向前爬行，要求收腹、抬头、束腰，亦可仰面进行反推（图7–6–1、图7–6–2）。

图7–6–1

图7–6–2

（7）杠铃练习：杠铃练习有很多种，这里主要介绍一些常见的提高上肢力量的训练方法：

练法一 卧推杠铃：身体仰卧在长凳上，两手正握杠铃与肩同宽，然后手臂由屈到伸挺，用力向上推举（图7–7–1、图7–7–2），循环练习。采用的呼吸方法是：手臂将杠铃向上推举时呼气，向下收回时吸气。

图7–7–1

图7–7–2

练法二 宽拉杠铃：两脚开立成马步桩，膝关节弯曲不超过脚尖，上体前倾，腰背挺直，收紧腹部，两手正握杠铃，手臂以肘关节为轴往上提拉（图7–8–1、图7–8–2）。采用的呼吸方法是：向上提拉时吸气，向下时呼气。重复练习或增加重量练习。

图7–8–1

图7–8–2

练法三 摇转杠铃片：两手抓握杠铃片先向前平推，接顺势向侧腰回拉扭转动作（图7–9）。左右交替进行。采用的呼吸方法是：吸气时拉回，呼气时推出。

图7–9

（8）摇涮哑铃：双手持哑铃从左胸前向右至头上绕转一圈（图7–10–1、图7–10–2）。左右交替进行。采用的呼吸方法是：吸气时绕转，呼气时哑铃还原。

（9）提哑铃腕花练习：手提哑铃先由里向外做腕花绕转，再由外向里做（图7–11–1、图7–11–2）。要求以手腕为主转动。

图7–10–1

图7–10–2

图7–11–1

图7–11–2

（10）绞棒功（俗称千斤棒）：它是传统武术功力的训练方法之一，用于增强手指的抓握力和腕关节的拧转力。自制器材，用绳子一端系好重物（砖块、杠铃片、石锁等），绳子的另一端固定在一短木棒中间。两脚分开与肩同宽，两臂伸直抬平抓握木棒两端，左、右手依次向内拧转，卷起重物，直至重物与木棒接触为止；然后再向外拧转，慢慢地将重物放下（图7–12）。重量根据练习者力量大小而定，逐渐增加。

（11）拉力带辅助练习：将一根长度适宜的拉力带固定在树桩或其他牢固的物体上，然后将手或脚套入拉力带顶端，分别快速向前做直拳（图7–13–1）、踢腿（图7–13–2）、模拟摔法（图7–13–3）等动作。

图7–12

图7–13–1

图7–13–2

图7–13–3

（12）马步推砖（哑铃亦可）：两手各持一砖块（重量自定），屈肘举于胸前，两腿屈膝下蹲成马步桩，然后交替做直拳动作练习。用于增强拳的冲击力和腿部力量；也可手持哑铃，实战姿势做直拳冲拳动作（图7–14–1、图7–14–2）。速度分快、慢两种。

（13）双人较臂练习：两人面对面，各自前后脚开立成半弓步姿势，脚掌外侧相抵，互握手腕做前后推拉和左、右拧扯等动作，力争使对方失去平衡，移动脚步或另一只手触地者即为输（图7–15）。

（14）其他训练上肢的器械有臂力器、拉力器等。

图7–14–1

图7–14–2

图7–15

2. 下肢力量训练

（1）深蹲练习：两脚开立略同肩宽，肩负杠铃（或手扶墙驮人），做腿屈伸动作（图7–16），向下时大腿与地面尽量保持平行。采用的呼吸方法是：身体重心向下时吸气，向上时呼气。重复次数或逐渐加大重量练习。

（2）负重跳换步：两脚前后开立，肩负杠铃，同时两脚蹬地做原地前后箭步跳（图7–17）。还可肩负重物做上下楼梯慢跑、短距离冲刺跑和深蹲起跳等练习。肩负重物的重量根据个人身体承受的压力而定。此训练用于提高练习者身体的抗衡性和腿部爆发力。

图7–16

图7–17

（3）蹲踢：手持哑铃（亦可在小腿部位绑上沙绑腿），成实战姿势站立，然后半屈蹲、起立（图7–18–1），分别做前蹬、侧踹等腿法的空击动作练习（图7–18–2、图7–18–3），要把踢腿的目标位置想象成与对手实战时的要害部位，并始终保持心与意合、意与力合、眼随脚走的概念。

图7–18–1

图7–18–2

图7–18–3

（4）蹲步换跳（俗称矮子步）：成深蹲姿势，然后一腿屈膝支撑重心，另一腿向前上方踢，两腿交替进行，手臂的姿势同跑步（图7–19–1、图7–19–2）。原地定步与行进练习均可。

图7–19–1

图7–19–2

（5）仰卧屈蹬：身体仰卧在垫子上，两手握拳屈于胸前，自然含缩，两脚抬起模仿“骑自行车”动作，做屈伸运动（图7–20）。用于增强

图7–20

腿部灵活性和提高腿法的实用性；还可使身体侧卧，一腿屈膝回收，另一腿做收腿接朝斜上侧踹腿练习（图7-21-1、图7-21-2）。两腿交替进行。

（6）腿部负重物做各种踢腿，跑步，爬、冲山坡练习。

（7）除以上动作外，还可做蛙跳、兔子蹦、鸭步走、抱人跑、背人跑以及负重单腿跳等练习。

图7-21-1

图7-21-2

3. 腰、背部力量训练

（1）仰卧起坐：练习者身体平躺，两手向后抱住颈部（也可加重量较小的杠铃片），做仰卧起坐动作练习（图7-22-1、图7-22-2）。采用的呼吸方法是：身体向前起时呼气，后躺时吸气。速度分快、慢两种，刚开始练习时也可两人配合，一人辅助。

图7-22-1

图7-22-2

（2）两头起：两手自然竖起向后贴地，手心向上，脚尖绷展，身体平躺，手与脚同时相向屈体，手触脚面为一次动作（图7-23-1、图7-23-2）。采用的呼吸方法是：身体向前起时呼气，向后躺时吸气。重复练习。

（3）躯干伸展练习：身体俯卧在垫子上，两脚由同伴按握固定，双手抱颈，往上做躯干伸展动作（图7-24-1、图7-24-2）。采用的呼吸方法是：躯干向上起时吸气，向下时呼气。重复数次练习。

图7-23-1

图7-23-2

图7-24-1

图7-24-2

（4）抱人摇转：训练时可将一同伴双手成十字扣抱起，成马步姿势站立，然后靠腰的劲力做左、右摇转练习（图7–25–1、图7–25–2）。重复数次练习。

（5）悬垂举腿：两手正握肋木（单杠或门框亦可），使身体自然下垂，由静止开始向上做收腹举腿动作（图7–26–1、图7–26–2），使脚尖尽量触及额头。采用的呼吸方法是：两腿向上举时吸气，向下时呼气。

图7–25–1

图7–25–2

图7–26–1

图7–26–2

（6）倒挂髋屈伸：两脚合并，使身体悬垂倒挂在固定的支架上，两手向后抱头，做上下髋屈伸练习（图7–27–1、图7–27–2）。采用的呼吸方法是：身体向上起时吸气，向下时呼气。特别提示：在身体向下时，腰腹收紧，有控制地缓慢落回。

（7）除以上动作外，还可做仰卧举腿、负重转体等动作练习。

图7–27–1

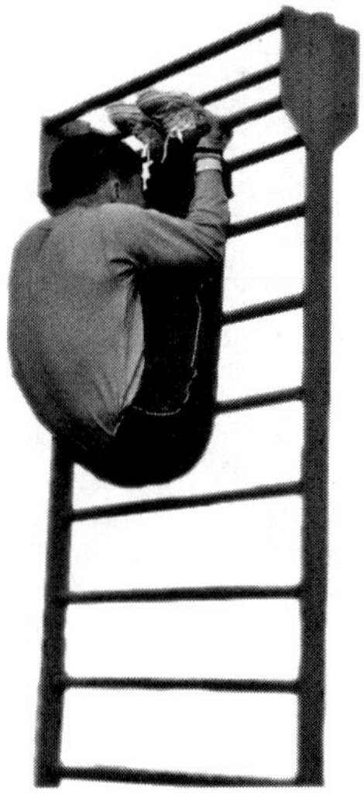

图7–27–2

二、力量训练的基本要求

（1）根据学习和掌握武术防卫踢、打、摔、拿、防守等技术的需要，应使身体局部力量和整体力量得以提高，把发展大肌肉群和发展小肌肉群力量训练结合起来进行，防止训练的片面性。

（2）科学地调整和安排运动负荷。若发展绝对力量，需要采取强度大、重复次数少的训练方法；若发展速度力量，要求练习者在最短时间内发挥出最大的力量；若发展力量耐力，则采取负荷强度小、重复次数多的训练方法。

（3）进行强度较大的力量训练时，过后要特别注意肌肉的放松调整。力量性练习与其他性质练习或放松练习应交替进行，防止肌肉僵化和提高肌肉的弹性。

第二节 速度素质训练
（Speed training）

速度素质，是指人体快速运动的能力。它包括三方面的内容：即人体某部位快速完成某一个动作的能力是动作速度；对某种刺激做出快速反应的能力称为反应速度；人体在单位时间内快速通过某一距离的能力称为位移速度；反应速度主要受遗传的影响，但通过有效训练，可以更好地、稳定地体现最高的反应速度。通过重复练习，条件实战和实战能有效地提高速度素质和位移速度。“拳似流星眼似电”“拳如风”等，都强调了速度素质的重要性。

一、一般速度训练

（1）频率训练。

①原地小步跑；②行进小步跑；③原地高抬腿；④行进高抬腿；⑤原地摆臂。

（2）步幅训练：后蹬跑（后蹬跑时，体会髋、膝、踝三关节的用力顺序和蹬、摆动作的配合，发展腿部速度）。

（3）反应训练。

①距离间往返冲刺摸边跑，如10米、20米等；②背向后做小步跑或原地高抬腿，听到教练员的击掌声后，转身快跑；③顺风跑和下陡坡跑。

二、专项速度训练

（1）使用手法或腿法快速击打悬挂的梨球、轻吊球。

（2）对影空击：防卫训练中最普遍也是最重要的训练方法之一，我们称其为假想训练法，假想自己眼前有个对手，并假设各种实战局面，进行防守或进攻的练习。一开始先以慢速或匀速做拳法、肘法、腿法、膝法等单个或组合动作；然后在规定的时间内、规定的次数内做连续快速动作。

（3）快速里外单提膝练习：两手握拳成开步姿势站立（图7–28–1），先向里做单提膝动作（图7–28–2）；落地后，再向外做单提膝动作（图7–28–3），两腿交替进行。有条件的情况下，也可对着镜子伴随音乐的节奏进行。

图7–28–1

图7–28–2

图7–28–3

（4）负重练习：往小腿部位负沙绑腿，上身穿沙背心，匀速跑步3000～5000米不等，一开始始终保持匀速，到最后几百米距离时全力冲刺；解开负重后先进行匀速的攻防空击动作练习，然后过渡到快速的攻防空击动作练习。

（5）拳脚快速击打拳靶、脚靶、沙袋练习：选择自己熟练的动作进行训练，用来增强拳脚的速度和韧性。在打靶子或沙袋时，击打的速度和力量要对被击打物有穿透力，这样拳脚落在被击打物上就会产生像鞭子抽击一样清脆、响亮的声音；反之在击打中，推力大于击打力，那么发出的声音就很轻、很弱，起不到理想的击打效果。

三、发展速度素质训练的要求

（1）训练前要做好充分的热身活动，结束后要做好整理放松运动；要严格掌握好训练的间歇时间和休息方式。

（2）训练时要以最快速度去完成各种练习动作，采用的动作应是练习者已熟练掌握的，其每组训练时间不应超过30秒。

第三节　耐力素质训练
（Stamina training）

耐力素质，是指人体较长时间进行肌肉活动的能力，也可看作是一种抗疲劳的能力，它是运动员的基本素质之一。根据运动时人体的能量供应特点把耐力分为有氧耐力和无氧耐力。有氧耐力是指运动员长时间有氧工作的能力。无氧耐力是指运动员身体处于缺氧情况下或摄氧不足时肌肉的工作能力。

人体的耐力往往和呼吸系统、循环系统的机能水平有关，我们提高耐力水平的主要目的就是增强心血管系统和呼吸系统的机能，以提升在高度紧张环境下的工作能力。

一、有氧耐力训练

（1）跑步练习：跑是提高身体素质的最基本和最有效的方法，曾有人将它称为“体育运动之母”。跑不仅可以提高耐力，还可以通过各种不同的训练方法来提高练习者的爆发力、协调性和弹跳能力等。

练法一 慢跑：主要目的是调节呼吸，掌握跑的姿势及要领。视情况逐渐增加距离，一般可安排在早晨进行。

练法二 变速跑（间歇性跑）：反复变换速度，快慢结合。如在场内练习时，可直道加速、弯道慢跑。采用这种训练法要控制好慢跑段和快跑段的强度。

练法三 越野匀速跑：要求学生以比赛的速度，自始至终地保持下来，特别是途中跑时姿势要均匀，做到大步子、小频率，跑步时膝部亦保持微屈，以减少身体的紧张程度，在快要接近终点时要全力冲刺。距离一般有5000米、10000米、15000米不等。

练法四 反复跑：例如200～400米5次，500～800米3次，进行反复跑可根据学生的实际水平、体力等不同情况制订计划。

（2）跳绳练习：以两脚相互交替跳跃为主，两脚并跳和冲刺跳等各种跳法交叉在一起进行（图7–29）。有条件者可伴随着音乐的节奏进行练习，时间根据自己的体力、训练时间等情况定。跳绳可以发展练习者的体力、耐力、节奏感、踝关节的弹跳力和掌握平衡的能力等，还可有效地提高步法的灵活性。

图7–29

（3）综合耐力：训练时可以安排将武术攻防基本动作以及力量、速度等内容在限定时间内完成，但要注意强度和密度的安排。

二、无氧耐力训练

主要采用负荷时间短、练习密度大、短间歇的做法。提高学生的无氧耐力，除采用100～400米变速跑等练习密度大、间歇时间短的中、短跑以外，应更多地同武术防卫专项技术训练结合起来。

（1）空击：选用攻防技术动作及小组合进行。限制时间，规定组数，如连续快速做：左、右直拳30秒为一组，间歇10秒，约3～5组；左、右前蹬腿在规定时间内做30次为一组，间歇10秒，连续3～5组；模拟实战攻防练习，3分钟为一个回合，间歇30秒，约3～5个回合。

（2）击打拳靶、脚靶及沙袋练习：任意使用拳脚等击打动作进行踢靶计时练习，一般3～5为分钟一组，练习3组，每组间歇1分钟。要求以最快速度完成，全力使用力量。

（3）坐桩：采用实战或模拟实战进行训练。由一人坐桩，连续打3～5局，每打一局轮换一体力充沛的同伴与其对阵。

（4）立卧撑：原地展腹跳，落地屈蹲，接前爬俯卧撑（图7-30-1～图7-30-3）。起立，重复做，每组20次，间歇1分钟，可安排2～5组。

图7-30-1

图7-30-2

图7-30-3

三、发展耐力素质训练的要求

（1）要科学合理地安排耐力训练的强度、重复次数、间歇的时间和休息的方式。

（2）耐力训练不仅是身体方面的训练，也是意志品质的培养过程，因此，在耐力训练中除了采用多种多样的训练手段外，还应该注意培养学生吃苦耐劳、坚韧不拔的意志品质。

第四节　柔韧素质训练
（Pliability training）

柔韧素质（俗称柔功），是指以身体的最大幅度来完成某一动作的能力，或是指有机体在力的作用下伸展与弯曲的性能。柔韧性的好坏取决于有关的肌肉、韧带和关节活动范围的大小，同时也与神经支配参与用力的肌肉放松和紧张的程度有关。武术训练对练习者的柔韧性要求很高，正说明了腰、腿柔韧功夫训练的重要性。所以柔韧性训练是武术防卫基本功训练的重要内容，其中包括腿功、腰功和肩功。无论习武者练哪一个拳种，如散打、长拳、南拳、少林拳、武当拳、太极拳等，都不能忽视对柔韧性的训练。

柔韧素质的训练方法有两种：一种是静力性牵拉，一种是动力性牵拉。静力性牵拉是指通过缓慢的动作将肌肉等软组织拉长，但牵拉到一定程度时，保持静止不动，静力性牵拉对练习肌肉及柔韧性的效果较好。动力性牵拉主要是运用踢、摆、抡、涮等动作使肌肉拉伸到最大限度，其效果不仅是锻炼肌肉的柔性，更重要的是锻炼肌肉的韧性。在训练中通常把两种方法结合起来，先静力性牵拉，再进行动力性牵拉。在做柔韧性练习时一定要注意做好准备活动，降低肌肉内部的黏滞性，踢摆速度和力量要循序渐进，避免肌肉拉伤。

一、提高柔韧素质训练的方法

（1）肩颈韧性练习：使身体仰卧，两腿向后卷屈，脚尖尽量着地，两手臂向前贴地，使肩颈部承受一定的压力（图7-31-1）；静止或左右摆动一定时间后，两脚尖合并向上顶起成肩肘倒立姿势（图7-31-2）。

（2）跪压脚踝练习：两腿跪地，脚面绷展贴地，臀部坐在脚后跟上，使上体重心后仰躺地静止一定时间（图7-32-1、图7-32-2）。然后起立，可重复做。

图7-31-1

图7-31-2

图7-32-1

图7-32-2

（3）肩臂功：武术防卫运动基本柔韧功法训练之一。主要练法有单臂绕环、手臂交叉绕环、压肩、前屈翻肩、仆步抡拍等内容。肩臂功练习主要是增进肩关节的柔韧性，加大肩关节的活动范围，发展臂部力量，提高上肢运动的协调、松长、环转等能力。

练法一 压肩：两手扶握肋木（或桌子等一定高度的物体），距离约1米，使上体前俯，挺胸、塌腰、收髋，然后做下振压肩动作，幅度逐渐加大，压点要集中于肩部（图7–33–1）；也可两人相互配合压肩（图7–33–2）。

图7–33–1

图7–33–2

练法二 交叉绕环：站立姿势，两腿略同肩宽，两臂手掌心一前一后，直臂上举（图7-34-1），左臂向前、向下、向后成一顺时针，右臂向后、向下、向前成一逆时针，同时于身侧划立圆交叉绕环转动（图7-34-2、图7-34-3）。转动速度由慢至快。

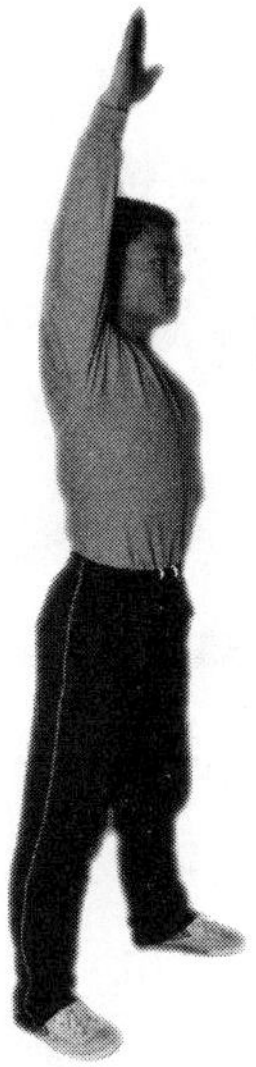

图7-34-1

图7-34-2

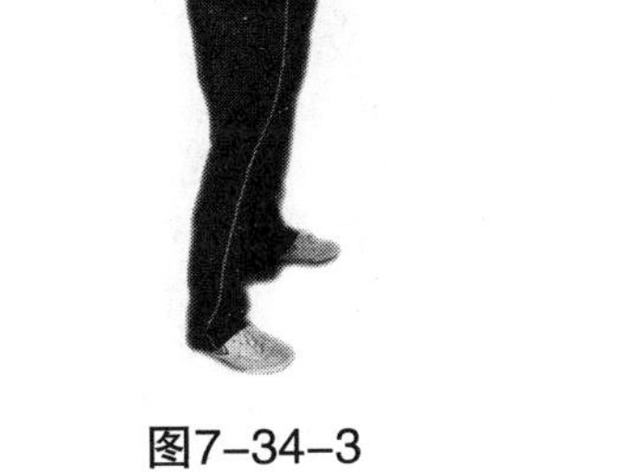

图7-34-3

练法三 前屈翻肩练习：两腿略比肩宽，两手后背十指交叉（图7-35-1）；然后上体向前伸屈，同时使掌心以肩为轴做向后、上翻转运动（图7-35-2）。

图7-35-1

图7-35-2

练法四 仆步抡拍（俗称乌龙盘打）：武术基本功的一种，不但可以提高肢体的柔韧性，还可提高协调能力。

预备姿势（两脚开立，略宽于肩，两臂自然下垂于体侧，图7-36-1）；左脚向左迈出一步成左弓步，上体随之左转，同时右臂

图7-36-1

向左前下方伸出，左掌手心向里；掌指向下，插于右臂肘关节处（图7-36-2）；上动不停，上体右转成右弓步，同时右臂直臂由左向上、向右抡臂划弧停于左上方（图7-36-3～图7-36-5）。左右交替进行。

图7-36-2

图7-36-3

图7-36-4

图7-36-5

（4）腰功：武术防卫运动基本功法训练之一。主要练法有扇腰、甩腰、前俯腰、下腰、涮腰等内容。武术谚语有，“练武不活腰，终究艺不高”。通过长期训练以增加腰部诸关节活动范围，达到“腰如蛇形”，翻转、折叠随意自如的理想境界。

练法一 扇腰：两腿开立与肩同宽，双手屈臂抱肘，直腰、直腿向前下方扇动（图7–37–1、图7–37–2），抬头够地面。重复数次。

图7–37–1

图7–37–2

练法二 甩腰：开步站立，两臂上举（图7–38–1），然后以腰、髋关节为轴，使上体分别向前、后屈体甩动（图7–38–2、图7–38–3），甩腰后曲时须做到抬头、挺胸、凸腹，使身体形成半圆环状；甩腰数次后可发展至下腰（亦可辅助背对墙壁，向后屈腰以手反扶墙壁，慢慢向下弯到腰部不能再弯为止，然后逐渐过渡到离开墙壁，以手和脚撑地下腰），做到抬头、挺腰，手脚成拱桥形（图7–39），静止一定时间，再逐渐增加难度，使两手臂上、下做屈伸练习。

图7–38–1

图7–38–2

图7–38–3

图7–39

练法三 前俯腰：并步站立，两手手指交叉握住，直臂上举，手心朝上（图7-40-1）；上体前俯，直腰、直腿，使两手尽量在脚尖前贴地（图7-40-2）。静止一定时间，两手松开向后抄抱，握住小腿下方，使面部紧贴胫骨前面（图7-40-3）；再先后向左侧和右侧转动，使两手在脚掌外侧贴触地面（图7-40-4）。然后上身直起还原，开始做第二次动作。

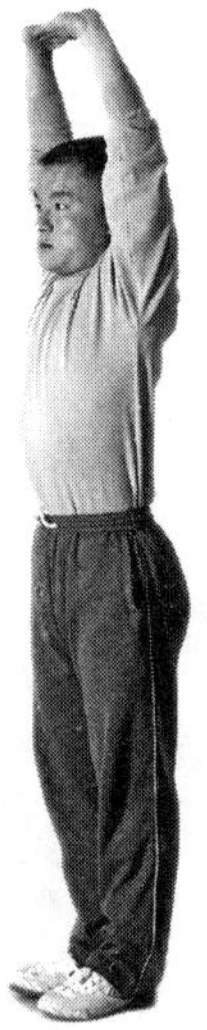
图7-40-1

图7-40-2

图7-40-3

图7-40-4

练法四 涮腰：两腿开立略同肩宽，上体先向前屈，然后向左、向后、向右以腰为轴绕动一周，双手上举随之甩动（图7-41-1、图7-41-2），绕转数次后再以相反方向进行。

图7-41-1

图7-41-2

武谚解释：

练武不踢腿，到老冒失鬼。实践经验证明，不重视基本功，违反生理规律训练是要不得的。不论初练者或武艺水平较高者，每次练功都必须"踢腿"，并宜长期坚持，贯彻始终。

（5）腿功：武术防卫运动基本功法训练之一。主要练法有压腿（正压、侧压、后压等）、搬腿、劈腿（竖叉、横叉等）、控腿、踢腿（正踢腿、外摆腿、里合腿、侧踢腿等）。武术谚语有"练武不踢腿，到老冒失鬼"之说。即指腿功在武术防卫训练中的重要性。

练法一 侧搬腿练习（俗称朝天蹬）：左腿屈膝提起，左手从小腿内侧穿过托住脚跟，然后将左腿向左侧上方搬起，力争使脚掌朝天方向，右手臂上举抓握左脚跟，静止一定时间（图7-42）。左、右腿兼顾练习。

图7-42

练法二　竖叉练习：两腿前后分开着地，前腿以腿的后侧贴地，脚尖上翘，后腿以腿的前侧、脚背贴地，脚尖绷直，两手左右扶地成一竖叉姿势进行振压（图7–43–1）；练习到一定程度时可两臂向外推掌侧平举，保持静止不动，进行静力性牵拉（图7–43–2）。两腿要交替进行，尤其对初学者来说要多做前后分腿上下振压动作。

图7–43–1

图7–43–2

练法三　横叉练习：两腿左、右分开成一直线，腿内侧着地，两手在体前扶地或立掌侧平举（图7–44–1），练习到一定程度时，可逐渐过渡到上体向左右方向侧卧（图7–44–2）。

图7–44–1

图7–44–2

练法四 控腿练习：可把一只脚套进一个系有活节的活套中，并利用一个固定在横架上的滑轮为支点，且用手拉动绳索，做上下踢腿及定位控腿等动作训练（图7-45-1、图7-45-2）。在整个练习过程中，要尽量使腿成一直线，从而有利于高位腿法的练习。

图7-45-1

图7-45-2

练法五　正踢腿：预备姿势，两脚并立，两手立掌向外侧平推，挺胸，立腰，两眼向前平视（图7–46–1）。左脚向前上半步，右腿膝部挺直，脚尖勾起，收髋并且猛收腹由后向前、向上、向前额处踢起（图7–46–2）。练习时要做到直腰、直腿、直膝，左右交替进行。

练法六　外摆腿：预备姿势与正踢腿相同。左脚向前上半步，右腿膝部挺直、脚尖勾紧，向左侧踢起（图7–47–1），经面前向右侧上方成扇形外摆（图7–47–2），直腿从右侧落下并步，两眼向前平视。做外摆腿时腰腹要挺直，外摆幅度要大，左右交替进行。

图7–46–1

图7–46–2

图7–47–1

图7–47–2

练法七 里合腿：预备姿势与正踢腿相同。左脚向前上半步，右腿膝部挺直，脚尖勾起，里扣并向右侧踢起，经面前向左侧上方成扇形直腿里合，下落时松髋、合髋落于左脚内侧。里合腿向里合扣时脚掌和手心要做到迎击，即击出响声，同时要有“寸劲”（是指在意识支配下，由肢体各部分肌肉协调配合、收缩，瞬间形成的短促爆发力）。左右交替进行。

练法八 斜踢腿：预备姿势与正踢腿相同。左脚向前上半步，右脚尖勾紧，收髋并且猛收腹，向异侧耳际猛踢，两眼向前平视（图7–48）。左右交替进行。

练法九 侧踢腿：预备姿势与正踢腿相同。右脚向前上半步，脚尖外展，左脚脚跟稍提起，身体微向右转，左臂前伸，右臂后举，身体重心大部分落于右腿（图7–49–1）；随即左脚脚尖勾紧，猛收腹，向左耳侧踢起，同时右臂屈肘上举亮掌，左臂屈肘立掌于右肩前，两眼向前平视（图7–49–2）。按同样的方法左右交替进行。

图7–48

图7–49–1

图7–49–2

二、发展柔韧素质的要求

（1）根据武术防卫的特点，发展柔韧素质要注意身体的全面性，尤其要注重下肢柔韧和腰部柔韧功夫的训练。

（2）随着柔韧性水平的不断提高，训练应逐步加大幅度；不能急于求成，以避免肌肉和韧带拉伤。

（3）训练时要做好充分的准备活动。肌肉伸展性与肌肉的温度有关，通过准备活动，提高肌肉的温度，降低肌肉内部的黏滞性，有利于柔韧性的发展。

第五节　灵敏素质训练
（Agility training）

灵敏素质，是指身体快速协调、自然准确、灵活地完成动作的能力，或在某种情况下，身体适应突然变化的能力。灵敏素质的发展和人大脑皮层神经过程的灵活性高低以及所建立的动作技能的数量和巩固程度有关，它是一种综合身体素质。

一、提高灵敏素质训练的方法

（1）纵跳旋转练习：原地站立，两脚蹬地，向上腾起的同时，两臂上举，在空中旋转360° 落地还原；随着熟练程度的提高，可发展至行进间蹲起纵跳旋转360° 落地还原。左、右交替进行。

（2）腾空分腿跳：原地站立（亦可带助跑），双脚同时用力向上腾空起跳，在空中分腿成一字形状（图7–50）。

图7–50

（3）蹲起展腹跳：蹲姿，两手位于体侧，随后双脚用力向上起跳，展腹挺胸，同时两腿后摆、两手外张，落地复原（图7–51–1、图7–51–2）。重复数次进行练习。

图7–51–1

图7–51–2

（4）收腹跳：原地站立（亦可带助跑），双脚同时用力向上起跳，并在空中将膝关节向胸前收抱。要求起跳要高，动作要协调、自然。

（5）摸高：助跑以手摸高或以头触吊着的悬球。加强一些跳跃动作练习，有利于提高练习者的弹跳能力。

（6）跳凳子（或台阶）练习：站在一高度约50～80厘米的凳子前，双脚同时用力起跳，做连续跳凳子练习；数次后再转换到单脚交换跳（图7-52-1、图7-52-2）。

图7-52-1

图7-52-2

（7）燕子翻身：左脚向右脚后交叉，同时两手臂指向交叉方向（图7–53–1），然后以头顶为轴、以前脚掌为支撑点带动两手臂翻转一周（图7–53–2、图7–53–3）。要做到眼随手走，身法协调自然。

图7–53–1

图7–53–2

图7–53–3

（8）里外摆腿练习：实战姿势站立，由同伴手握短棍做一标示，然后指定一腿，绕过标示做里合腿与外摆腿的练习（图7–54–1、图7–54–2）。连续两腿交替进行。

图7–54–1

图7–54–2

（9）各种空翻、滚翻动作练习：做此类动作可以有效提高身体各个部位的灵敏、协调性，如前手翻、侧空翻、前空翻、后空翻等（图7-55-1～图7-55-3）。既可以当作准备活动，又是发展灵敏素质的一种极好练习方法。

图7-55-1

图7-55-2

图7-55-3

（10）抖肩练习：两脚呈前后开立步，两手臂自然平举指向前，与肩同宽，然后以腰胯为轴做向前直伸抖肩的练习（图7–56–1、图7–56–2）。左右交替进行，力求自然顺肩。此训练方法有助于组合拳的连击。

图7–56–1

图7–56–2

（11）追逐游戏：追逐是练习摆脱对方的“模拟实战演习”；可一人跑，一人追；或很多人追一人，被追者尽量用变速和变向来逃离同伴的追赶。

（12）一人对多人实战练习：身着搏击护具，最初由一对二进行实战对抗，再到一对三进行实战对抗，根据练习者的实力不断增减人数。此方法能有效提高练习者身体的反应、协调能力。

（13）闪展腾挪式练习：吊3~5个沙袋，练习者站于沙袋之间做各种攻击躲闪和拳打、脚踢动作，要尽量躲开沙袋的撞击，以锻炼身体的反应、协调能力。

（14）往返跑：以4 ~ 6米的距离，划上标志，用手触摸标志线，往返跑8次（4个往返），最后冲刺过去，计算时间。

（15）平衡能力练习：如燕式平衡（图7–57–1）等；再比如武术中的腾空侧踹腿、腾空剪腿、腾空后摆腿、旋风脚、二踢脚、旋子等（图7–57–2～图7–57–4）都是发展平衡能力的有效手段。

图7–57–1

图7–57–2

图7–57–3

图7–57–4

（16）有条件时还可练习军体单双杠、木马、四百米障碍、战术行进、攀登等训练科目，以提高身体的综合灵敏性。

（17）变化动作训练：主要是练习武术基本动作及武术套路组合，如传统拳、长拳、南拳、器械等，要求做到连贯、协调、稳健；还可以进行球类、游泳、田径以及各种规则性游戏活动等。

二、灵敏素质训练的要求

（1）在进行灵敏素质训练时，要保持良好的精神状态和清醒的头脑，严禁身体疲劳时练习。

（2）要注意灵敏素质的全面性训练。如“纵跳旋转”类的动作，要左、右侧兼顾练习。

第六节　功力训练
（Skills training）

功力，泛指功夫和力量，这里所提到的主要是指——武术功力。所谓“武术功力”是指通过武术锻炼获得的运动能力和专门技能所达到的水平。这种运动能力，既包含有武术运动需要并表现出的专门能力，也包括人体活动的一般能力和对外界的适应能力。一般来讲，武术功力包括：头功功力、掌功功力、臂功功力、腰功功力、腿功功力、倒功功力、内功功力，以及防卫套路演练技能和与人格斗技能等。

本篇主要介绍一些与防卫技击技术有关的，击打与抗击打功力训练和倒功训练方法，通过练习可有效增强躯干、四肢等部位的击打与抗击打能力。

一、提高功力训练的方法

（1）头功（俗称铁头功）：属于硬气功的一种，旨在增强头部的力量和抗击打能力。

练法一 面向墙壁站立，将前发际以上约2厘米处的位置顶贴墙壁，身体挺直与墙壁成30° 角，两手握拳、自然后背，舌尖轻贴上腭，意念集中、自然呼吸，眼睛目视鼻尖（图7–58）。

练法二 接练法一，顶完墙后，以前发际以上约2厘米处的位置为中心点，左、右各旋转一圈，速度缓慢均匀，重复做数次后，再用薄木板击头，力量由轻到重，配合呼吸（当木板接触头的瞬间，舌尖贴上腭，向上发出“嘶”的声音，图7–59），从而增强头部硬度。

图7–58

图7–59

练法三 将身体向前屈成弧形，头顶以平整的地面（或垫子）为支撑点做定点静立（图7–60–1）；然后起身转换到将身体向后屈成弧形度以头顶为接触点的前后滚动练习（图7–60–2）。此训练法有利于提高头部的硬度和颈部韧性。

图7–60–1

图7–60–2

练法四 将身体倒立，头顶与两手成三角顶形状，以地面为支撑点做静止定立练习；当身体平衡能力达到一定程度时，可将两手拿开做倒立练习（图7–61–1、图7–61–2）。头部训练到一定的功力时，不但可以提高抗击打能力，还可以表现出头碎酒瓶、头顶开砖之功效。

图7–61–1

图7–61–2

（2）击打功力练习：击打功力是指进攻动作的力度或称“攻击力”，它是训练防卫实战技术的主要方法之一，通过练习可以有效提高拳、掌、肘、腿、膝等部位的韧性和击打力度，增强实战的能力。

练法一 将长方形吊式沙袋悬挂在一适宜高度，可以用拳击和掌劈、推、砍等手法；用横击肘、挑肘、后顶肘等肘法；用踢、摆、撩、蹬、踹、顶等腿法和膝法（图7–62–1、图7–62–2）进行击打训练。动作方法按照攻防技法基本要领进行，刚开始可练习单一技法，力量由轻到重，然后过渡到组合技法。

图7–62–1

图7–62–2

练法二 可按照两人一组，相互配合进行击打拳靶和脚靶练习，一人持靶给对方喂靶，另一人用拳脚等动作进行击打（图7-63-1～图7-63-4）。练习时可原地击打固定的“死靶”，也可移动步法、变换角度打不固定的“活靶”。

图7-63-1

图7-63-2

图7-63-3

图7-63-4

（3）木桩功：属于传统武术功法训练的一种手段。旨在通过这一模拟实战练习，来提高攻防能力和技击方法的运用，增强手脚力量和击打与抗击打能力。

练法 将一根木桩插入地下，地面部分约与练习者同高，外面包裹一层麻袋或布条，然后把木桩当作假设的对手（也可找粗细合适的树木代替），绕桩做踢、打、蹬、踹、截、靠、劈等实战性攻防动作练习。例如示范动作：手臂一上一下，肩、髋靠撞木桩（图7-64-1）；一腿微屈支撑，另一腿屈膝提起、膝外展、勾脚，用内侧磕击木桩下部约30厘米处，同时异侧臂内旋，横掌前伸，以掌外沿推击木桩上部（图7-64-2），要以转体带动右腿前摆，推掌协调配合，形成合力；脚法踢击木桩（图7-64-3）。

图7-64-1

图7-64-2

图7-64-3

（4）站桩功：桩，乃不动之意，一种躯体四肢保持一定的姿势，形之不动，通过意念导引气息，可使体内运动加速，在静中求动的静态功法。在传统武术流派中，都有各自不同的站桩功法。这些功法，主要取自于各拳种的基本步型、步法。以站桩作为建立“动力定型”的练习手段，内可调息理气，外可壮力固本，式正招圆。站桩功可单独作为一种简单易行的强身保健功法进行训练。

练法一　太极桩，亦称高桩。悬头竖顶，舌舐上腭，用鼻孔作呼吸、伸长自然，含胸拔背，意守丹田，目平视前方；两腿伸直开步站立，两脚距离与肩宽；两臂自然下垂，两掌五指微分、虎口向前；然后，催动两臂自下而上画弧缓缓抬起，高与胸平；膝关节微屈下蹲，同时两掌由外向内翻转，五指相对，掌心向里，两臂弯曲呈抱球状（图7–65–1正面、图7–65–2侧面）。

图7–65–1

图7–65–2

要点：站桩时要沉肩垂肘，含胸拔背，下颌内收，意守丹田，提肛裹臀，命门后突；身体重心落于下盘；静态功法要做到静中守意，意随心走，心则生慧，慧自心生，心无杂念，抱元守一，方能大道至简。

练法二 马步桩，亦称低桩。在站立姿势基础上，一只脚迈开一步，左右平行开立，两腿屈膝下蹲呈马步，然后，两臂自下而上画弧缓缓抬起，高与胸平；同时两掌由外向内翻转，五指相对，掌心向里，两臂弯曲呈抱球状（图7–66–1正面、图7–66–2侧面）。

图7–66–1

图7–66–2

要点：站桩时要沉肩垂肘，意守丹田，屈膝蹲与大腿接近水平，重心落于下盘两腿之间，精力集中，形、意、气、力四者有机配合，相互作用，浑然一体。

（5）靠背功：两人以背相对约30厘米距离开步站立，两手臂屈肘抱于胸前，同时发力用背部相互撞击（图7–67），发力要沉实，相撞的瞬间背部肌肉成劲，以防内脏受振。也可以背对墙、沙包、树桩等物体代替。力量要由轻至重。

图7–67

（6）拍打沙袋功（俗称铁砂掌）：用于增强击打部位的硬度和韧性。练习到一定程度时可以表现出手掌断砖、劈击瓦片和击碎木板的功效。

练法 将装满铁砂并缝合好的方形帆布袋平置放在铁凳上，重心落于两腿中间成马步姿势站立，然后分别用拳面、手心、手背、手掌外延、肘（图7-68-1～图7-68-3）部位，进行拍、劈、抽等方法的击打。力量要由轻至重，两手交替，重复练习。

图7-68-1

图7-68-2

图7-68-3

（7）意念拍打功：武术不仅讲究实战技击，而且注重练意练气，意念拍打是以肢体运动为主，配合呼吸吐纳的功法。

练法　两脚与肩同宽站立，舌抵上腭，松静自然，用意识引导呼吸，先用掌或拳拍打自己的上体，如前臂、上臂、胸、腹、肋等部位（图7–69–1、图7–69–2）；再过渡到下体，按照由下而上或由上而下的顺序，如由小腿外侧向上，再由大腿内侧向下以及后侧等部位，拍打力量逐渐增大（图7–69–3）。此训练同时也是大运动量后放松身体进行自我调整的一种好方法。

图7–69–1

图7–69–2

图7–69–3

（8）摇身披挂（拍打功）练习：重心下沉，两脚成马步姿势站立，两上臂和腰部肌肉放松，重心移至下盘。然后，两臂以手背为着力点由前向左后使用自然弹抖的劲力做甩臂抱膀动作（图7–70–1、图7–70–2），左右侧交替进行；然后再转换成右弓步姿势，做上、下甩臂抱膀动作（图7–71–1、图7–71–2）。左右侧交替进行，直至手臂有充血的感觉。

图7–70–1

图7–70–2

图7–71–1

图7–71–2

（9）抗击打功：训练时可两人相互配合，一人做防守抗击打，另一人做自己相对熟悉的动作击打对方的背、腿、腹等部位（图7–72–1 ~ 图7–72–3），当击打到身体肌肉部位时，肌肉瞬间成劲，向外呼气，动作由慢到快，力量由轻到重，发力要沉实。

图7–72–1

图7–72–2

图7–72–3

（10）搓脸、击头练习：在每次训练前，尤其是实战攻防练习时，可先用双手搓脸，揉鼻子、耳朵等，然后用拳在脸部滚动按摩，最后用拳击打自己脸上肌肉部位（图7–73）。

图7–73

（11）抛接砂袋练习：它是传统武术功力训练方法的一种，主要用于提高练习者的身法和手部的抓握力量。缝制一只边长25～35厘米的方形帆布袋，内填绿豆和铁砂亦可，重量视练习者力量大小而定。练习时用力向前、后、左、右等高空方向抛掷，然后迅速移动用手抓握住。有条件者可两人相互配合抛接砂袋（图7–74）。逐渐加大砂袋重量，反复练习。

图7–74

二、摔、跌倒功技法训练

无论是在训练中，还是在实战格斗中，都会出现身体的主动倒地和被动倒地的现象，如何有效地保护自己不受伤害，或利用倒地技术攻击对手，是练习倒功的主要目的。下面介绍最为常用的几种倒功防护技术以供学习者参考。

（1）前滚翻：在自然站立的基础上，并腿全蹲，两臂前伸，手撑地，两脚蹬地，含胸收头，身体蜷曲成球形，借助惯性以肩、背、腰、臀部的顺序依次着地向前团身滚动，随即双手抱腿成并步全蹲（图7-75-1 ~ 图7-75-3），起立。后滚翻方法相同，方向相反。防卫实战中用于改变进攻路线和摆脱对方的控制。

图7-75-1

图7-75-2

图7-75-3

注：滚翻时通过团身，结合闭气，一则能缓解对内脏器官的震动，二则能迅速地逃离对手，达到保护自己的目的。

（2）抢背（俗称肩颈滚翻）：由自然站立开始，向前上一步，同时手臂向前下伸着地（图7-76-1、图7-76-2），随后借助惯性按照手臂外侧、肩、头、背、腰、臀的顺序依次着地向前滚动，顺势起立，滚动时一脚弯屈着地，另一脚打空摆起（图7-76-3、图7-76-4）。防卫实战中多用于主动进攻对手或摆脱对手的控制（图7-76-5）。

图7-76-1

图7-76-2

图7-76-3

图7-76-4

图7-76-5

（3）前倒：由自然站立开始，身体挺直，自然向前下倒，将要倒地离地面约30厘米的瞬间两臂迅速屈肘置于胸前，并突然闭气；以手掌和前臂为着力点向前拍地，同时抬头（图7–77–1 ~ 图7–77–3）。倒地时腰和膝关节部位要尽量挺直。防卫实战中多用于对手由后将我向前摔时的自我保护。

图7–77–1

图7–77–2

图7–77–3

注：在倒地的一瞬间，通过突然闭气，能够反射性地引起胸、腹肌肉紧缩，从而增大腔内的压力，增强躯体接触地面的弹性，犹如一个打足了气的球，摔在地上会反弹起来一样，缓解了地面对五脏六腑的反作用力。

（4）后倒：屈膝下蹲成马步姿势（图7-78-1），手臂下垂后摆，两膝向前下顶（练习时也可一腿抬起），上体后仰，同时双臂向两侧伸出后摆，勾头挺腹，倒地时以两手臂、肩及背部着地（图7-78-2、图7-78-3）。防卫实战中多用于后倒地的自我保护（图7-78-4）。

图7-78-1

图7-78-2

图7-78-3

图7-78-4

（5）侧倒：屈膝下蹲成马步姿势，右腿前摆向左方向打起，左脚蹬地，同时身体左转，随后手臂、体侧依次着地（图7–79–1、图7–79–2）；倒地后左臂立即撑起（上体重心用手及前臂支撑），右臂上架成防守姿势（图7–79–3、图7–79–4）。防卫实战中多用于在倒地后用勾、蹬、剪腿等方法进攻对手或防止对手接近自己（图7–79–5、图7–79–6）。

图7–79–1

图7–79–2

图7–79–3

图7–79–4

图7–79–5

图7–79–6

（6）跃起后倒：两腿开立，下蹲屈膝，两臂后张，抬头收腹，两脚用力后蹬腾空跃起，同时两臂外张，勾头收腹，随后以肩背部着地，双腿屈膝上伸（图7-80-1、图7-80-2）。防卫实战中多用于对手将我凌空摔翻时，后倒地的自我保护。

（7）前空翻后倒：两脚分开重心微下沉，双脚蹬地向前上方起跳（成前空翻前半部分的姿势），跳起后勾头收腹，双脚向前用力，身体团身前转，随后屈膝，双脚、双肩、两臂微屈同时着地（图7-81-1、图7-81-2）。防卫实战中多用于对手将我凌空摔翻时的自我保护或主动进攻。

图7-80-1

图7-80-2

图7-81-1

图7-81-2

（8）前扑：向前助跑1～3步，同时两脚蹬地向前腾空跃出，两臂前摆，掌心向下，在空中身体成弧形，下落时以前臂及两脚内侧着地，两脚分开略比肩宽（图7–82–1、图7–82–2）。前扑尽量要高、远，且在空中停留时间长。防卫实战中多用于险急情况时的自我逃脱保护。

（9）鲤鱼打挺：仰卧、屈体，使两腿上摆，同时两手扶按两膝，两腿下打，借挺腹的惯性向上腾起（图7–83–1、图7–83–2）。挺起时身体要成半圆环形，两脚分开不得超过肩宽。打腿起、挺腹要协调、连贯。主要用于倒地后的快速起立。

图7–82–1

图7–82–2

图7–83–1

图7–83–2

三、功力训练的要求

（1）练功前要做好充分的准备运动，结束时要及时做整理和放松运动，如按摩、慢跑等。

（2）功法练习一定要严格遵守循序渐进的原则；训练不能与实战技术脱节。

附录一　武术散手竞赛规则
（Rules of free style fistfight contest）

散手运动是武术技击的重要组成部分，它在技术形态上与实用的防卫技术基本一致，抛弃了实用技击中致人伤残的技术，并用规则限定了一些违禁动作，严格规定了击打部位和护具等，对运动员加以保护。为了便于教学与训练，我们把国家体委1998年审定的《武术散手竞赛规则》摘录如下，以仅供教学参考，部分章节根据实际需要加以改动，特此说明。

第一章　通　则

第一条　竞赛性质

团体比赛、个人比赛。

第二条　竞赛办法

（一）循环赛、单败淘汰赛、双败淘汰赛。
（二）每场比赛采用三局两胜制，每局净打3分钟，局间休息1分钟。

第三条　资格审查

所有参赛队员要思想品德素质过硬，身体素质良好，具备和掌握基本的武术防卫搏击技法。

第四条　体重分级

（一）48公斤级（<48公斤）
（二）52公斤级（>48公斤—<52公斤）
（三）56公斤级（>52公斤—<56公斤）
（四）60公斤级（>56公斤—<60公斤）
（五）65公斤级（>60公斤—<65公斤）
（六）70公斤级（>65公斤—<70公斤）
（七）75公斤级（>70公斤—<75公斤）
（八）80公斤级（>75公斤—<80公斤）
（九）85公斤级（>80公斤—<85公斤）
（十）90公斤级（>85公斤—<90公斤）
（十一）90公斤以上级（>90公斤）

第五条　称量体重

（一）经资格审查合格后，方可参加称量体重。

（二）称量体重时必须携带《运动员注册证》。

（三）称量体重须在仲裁委员的监督下，由检录长负责，编排记录员配合完成。

（四）运动员必须按照组委会规定的时间到指定地点称量体重。称量体重时裸体或只穿短裤，并在1小时内称完，逾期取消全部比赛资格。

（五）称量体重先从体重轻的级别开始，如体重不符，在规定的称量时间内达不到报名级别时，则不准参加以后所有场次的比赛。

（六）每次参赛的运动员统一称量一次体重。

第六条　抽　签

（一）称量体重后进行抽签。抽签由小级别开始，如本级别只有一人，则不能参加比赛。

（二）抽签由编排记录组负责，有仲裁委员会主任、总裁判长及参赛队的教练或领队参加。

（三）由各队教练员或领队为本队运动员抽签。

第七条　服装护具

（一）运动员必须穿戴大会指定的拳套、护头、护齿、护胸、护裆、护腿、护脚穿护脚背。穿与比赛护具颜色相同的背心和短裤，护裆必须穿在短裤内。

（二）比赛的护具分红、黑两种。

（三）拳套的重量：65公斤级及以下级别的拳套为230克；70公斤级及以上级别的拳套为280克。

第八条　竞赛中的礼节

（一）介绍运动员时，运动员向观众行抱拳礼。

（二）每场比赛开始前，运动员相互行抱拳礼。

（三）宣布结果时，运动员交换站位，宣布结果后，运动员先相互行抱拳礼，再同时向台上裁判员行抱拳礼，裁判员回礼；然后向对方教练员行抱拳礼，教练员回礼。

第九条　竞赛中的有关规定

（一）运动队必须遵守规则，尊重和服从裁判。在场上不准有吵闹、谩骂、甩护具等任何表示不满的行为。

（二）教练员和本队医生坐在指定位置，但不得在场下呼喊或暗示。局间休息时，允许给运动员按摩或指导。

（三）运动员严禁使用兴奋剂，局间休息时不能输氧。

第十条　弃 权

（一）比赛期间，运动员因伤病或体重超出不能参加比赛者，作弃权论，不再参加以后的比赛，但已进入名次的成绩有效。

（二）比赛进行时，运动员实力悬殊，为保护本方运动员的安全，教练员可举弃权牌表示弃权，运动员也可举手要求弃权。

（三）赛前3次点名未到，或点名后擅自离开，不能按时上场者，作无故弃权论。

（四）比赛期间，运动员无故弃权，取消本人全部成绩。

第二章　裁判人员及其职责

第十一条　裁判人员的组成

（一）总裁判长1人，副总裁判长1~2人。

（二）裁判长、副裁判长、台上裁判员、记录员、计时员各1人，边裁判员5人。

（三）编排记录长1人。

（四）检录长1人。

第十二条　辅助裁判人员的组成

（一）编排记录员2~3人。

（二）检录员4~5人。

（三）医务人员3~5人。

（四）宣告人员1~2人。

第十三条 裁判人员的职责

（一）总裁判长

1. 负责组织裁判人员学习竞赛规程和规则，研究裁判方法。

2. 检查落实场地、器材、裁判用具及称量体重、抽签、编排等有关竞赛的准备工作。

3. 根据竞赛规程、规则的精神，解决竞赛中的有关问题。但不能修改竞赛规程和规则。

4. 比赛中指导各裁判组的工作。根据需要可以调动裁判人员。

5. 每场比赛，运动员因弃权变动秩序，应及时通知裁判长、编排记录长和宣告员。

6. 裁判组出现有争议的问题，有权作出最后决定。

7. 负责检查裁判人员执行纪律的情况。

8. 审核、监督和宣布比赛成绩。

9. 向大会递交书面总结。

副总裁判长协助总裁判长工作，总裁判长缺席时，可代行总裁判长的职责。

（二）裁判长

1. 负责本组裁判员的学习和工作安排。

2. 比赛中监督、指导裁判员、计时员、记录员的工作。

3. 台上裁判员有明显错判、漏判时，鸣哨提示改正。

4. 边裁判员出现明显错判，在宣布结果前征得总裁判长同意后可以改判。

5. 每局结束后宣告评判结果，决定胜负。

6. 根据场上运动员的情况和记录员的记录，处理优势胜利、下台、处罚、强制读秒等有关规定事宜。

7. 每场比赛结束时审核、签署比赛成绩。

副裁判长协助裁判长的工作，根据需要可以兼任其他裁判员的工作。

（三）台上裁判员

1. 严格执行规则，公正裁判。

2. 检查场上运动员的护具，保证安全比赛。

3. 用口令和手势指挥运动员进行比赛。

4. 判定运动员倒地、下台、犯规、消极、强制读秒、得3分、临场治疗等有关事宜。

5. 宣布每场比赛结果。

（四）边裁判员

1. 根据规则记录运动员的得分。

2. 每局结束后根据裁判长信号，同时迅速显示评判结果。

3. 每场比赛结束在记分表上签名并保存，以备检查核实。

（五）记录员

1. 赛前认真填写每对运动员记录表。

2. 参加称量体重并将每名运动员的体重填入每场比赛的统计表。

3. 根据台上裁判员的口令和手势，记录运动员被警告、劝告、强制读秒的次数。

4. 记录边裁判员每局的评判结果，确定胜负后报告裁判长。

（六）计时员

1. 赛前检查铜锣、计时钟、核准秒表。

2. 负责比赛、暂停、局间休息的计时。

3. 每局赛前5秒钟鸣哨通告。

4. 每局比赛结束鸣锣通告。

5. 宣读边裁判员的评判结果。

（七）编排记录长

1. 负责运动员资格审查，审核报名单。

2. 负责组织抽签，编排每场秩序表。

3. 准备竞赛中所需要的表格，审查核实成绩、录取名次。

4. 登记和公布各场比赛成绩。

5. 统计和收集有关材料，汇编成绩册。

（八）编排记录员根据编排记录长分配的任务进行工作。

（九）检录长

1. 负责称量运动员体重。

2. 负责护具的准备与赛中管理。

3. 赛前20分钟负责召集运动员点名。

4. 点名时如出现运动员不到或弃权等问题，及时报告总裁判长。

5. 按照规则的要求检查运动员的服装和护具。

（十）检录员

根据检录长分配的任务进行工作。

（十一）宣告员

1. 摘要介绍竞赛规程、规则和有关的宣传材料。

2. 介绍裁判员、场上运动员。

3. 宣告评判结果。

（十二）医务人员

1. 审核运动员《体格检查表》。

2. 配合兴奋剂检测人员检查运动员是否使用违禁药物。

3. 负责赛前对运动员进行体格抽查。

4. 负责临场伤病的治疗与处理。

5. 负责因犯规造成运动员受伤情况的鉴定。

6. 负责竞赛中的医务监督，对因伤病不宜参加比赛者，应及时向总裁判长提出其停赛建议。

第三章　使用方法、得分标准与判罚

第十四条　禁击部位

后脑、颈部、裆部。

第十五条　得分部位

头部、躯干、大腿和小腿。

第十六条　禁用方法

（一）用头、肘、膝和反关节的动作进攻对方。
（二）用迫使对方头部先着地的摔法或有意砸压对方。
（三）用腿法攻击倒地方的头部。
（四）用拳连击对方头部。

第十七条　可用方法

除禁用方法外的武术各流派的攻防招法。

第十八条　得分标准

（一）得3分
1. 在一局比赛中，一方第一次下台，对方得3分。
2. 用转身后摆腿击中对方躯干部位而自己站立者。
3. 用主动倒地的动作致使对方倒地，而自己即刻站立者。
4. 使用勾踢将对方踢倒而自己站立者。
（二）得2分
1. 一方倒地（两脚以外任何部位支撑台面），站立者得2分。

2. 用腿法击中对方躯干部位者。

3. 被强制读秒一次，对方得2分。

4. 受警告一次，对方得2分。

（三）得1分

1. 用手法击中对手得分部位者。

2. 用腿法击中对方头部和下肢（脚除外）者。

3. 运动员消极8秒，被指定进攻后8秒内仍不进攻，对方得1分。

4. 主动倒地超过3秒不起立，对方得1分。

5. 受劝告一次，对方得1分。

6. 使用方法双方先后倒地，后倒地者得1分。

（四）不得分

1. 方法不清楚，效果不明显。

2. 双方下台或同时倒地。

3. 双方互打互踢。

4. 用方法主动倒地，对方不得分。

5. 抱缠时击中对方。

第十九条　犯规与罚则

（一）犯规

技术犯规

1. 消极搂抱对方。

2. 处于不利状况时举手要求暂停。

3. 比赛中场外进行指导。

4. 比赛中对裁判员有不礼貌的行为或不服从裁判。

5. 比赛中大声叫喊。

6. 有意拖延比赛时间。

7. 上场不戴或吐落护齿，有意松脱护具。

8. 运动员不遵守礼节。

侵人犯规

1. 在口令“开始”前或喊“停”后进攻对方。

2. 击中对方禁击部位。

3. 用不允许的方法击中对方。

（二）罚则

1. 每出现一次技术犯规，劝告一次。

2. 每出现一次侵人犯规，警告一次。

3. 受罚失分达6分者，判对方为胜方。

4. 运动员故意伤人，取消比赛资格，判对方为胜方。

5. 运动员使用违禁药物，局间休息时输氧，取消比赛资格。

第二十条　暂停比赛

（一）运动员倒地（主动倒地除外）或下台时。

（二）运动员犯规受罚时。

（三）运动员受伤时。

（四）运动员相互抱缠没有进攻动作或无效进攻超过2秒时。

（五）运动员主动倒地超过3秒时。

（六）运动员由于客观原因举手要求暂停时。

（七）裁判长纠正错判、漏判时。

（八）处理场上问题或发现险情时。

（九）因灯光、场地等客观原因影响比赛时。

（十）运动员对峙出现消极，被指定进攻一方达8秒仍无进攻时。

第四章　记录方法、胜负与名次评定

第二十一条　记录方法

（一）劝告、警告，取消比赛资格和消极分别用“Δ”“×”“V”

符号代替。

（二）边裁判根据得分标准和主裁判员的裁决，记录运动员的得分及犯规情况，每局比赛结束后将运动员的得分填入记分表中。

（三）循环赛制时，记录员根据每场比赛的结果在记分表中为胜方计2分，负方计0分，平局时各计1分。因对方弃权获胜时，计2分，弃权者为0分。

第二十二条　胜负评定

（一）优势胜利

1. 在一场比赛中，3次有效使用3分动作者（下台除外）。

2. 在比赛中，双方实力悬殊，台上裁判员征得裁判长的同意，判技术强者为该场胜方。

3. 被重击（侵人犯规除外）倒地不起达10秒，或虽能站立但知觉失常，判对方为该场胜方。

4. 一场比赛中，被重击强制读秒（侵人犯规除外）达3次，判对方为该场胜方。

5. 比赛中，运动员出现伤病，经医生诊断不能继续比赛者，判对方为该场胜方。

（二）在每局比赛结束时，依据边裁判员的评判结果，判定每局胜负。

（三）一局比赛中，一方受重击被强制读秒（侵人犯规除外）2次，另一方为该局胜方。

（四）一局比赛中，一方2次下台，另一方为该局胜方；两次有效使用3分动作者为该局胜方。

（五）一局比赛中，双方出现平局，按下列顺序判定胜负：

1. 本局受警告少者为胜方。

2. 本局受劝告少者为胜方。

3. 体重轻者为胜方（以当天体重为准）。上述三种仍相同，则为平局。

（六）一场比赛，先胜两局者为该场胜方。

（七）比赛中因一方犯规，另一方诈伤，经医务监督确诊后，判犯规一方为该场胜方。

（八）因对方犯规而受伤，通过医务监督检查确认不能再比赛者，为该场胜方。但不得参加以后的比赛。

（九）淘汰赛时，一场比赛中，如获胜局数相同，按下列顺序决定胜负：

1. 受警告少者为胜方。

2. 受劝告少者为胜方。

3. 体重轻者为胜方。

上述三种情况仍相同，则加赛一局，以此类推。

（十）循环赛时，一场比赛中，如获胜局数相同时，则为平局。

第二十三条　名次评定

（一）个人名次

1. 淘汰赛时，直接产生名次。

2. 循环赛时，积分多者名次列前，若两人或两人以上积分相同时，按下列顺序排列名次：

（1）负局数少者列前。

（2）受警告少者列前。

（3）受劝告少者列前。

（4）体重轻者列前（以抽签体重为准）。

上述四种情况仍相同时，名次并列。

（二）团体名次

1. 名次分

各级别录取前六名，分别按6、5、4、3、2、1的得分计算。

2. 积分相等时的处理办法。

两个或两个以上的团体分数相等时，按下列顺序排列名次：

（1）按个人获第1名多的队名次列前；如再相等时，按个人获第2名多的队名次列前，以此类推。

（2）受警告少的队名次列前。

（3）受劝告少的队名次列前。

如以上几种情况仍相等时，名次并列。

第五章　口令与手势

第二十四条　台上裁判员口令与手势

（一）抱拳礼

两腿并立，左掌右拳于胸前相抱，高与胸齐，手与胸之间距离为20～30厘米（图1、图2）。

图1

图2

（二）上台

站立在擂台中央成侧平举，掌心朝上指向双方运动员（图3）。在发出指令的同时，屈臂侧举成90° ，掌心相对（图4）。

（三）运动员行礼

双臂屈于体前，左掌盖于右拳背之上，示意运动员行礼（图5）。

（四）第一局

面向裁判长席，一手食指竖起，其余四指弯曲直臂前举，成弓步（图6）。

图3

图4

图5

图6

（五）第二局

面向裁判长席，一手食指、中指伸直分开竖起，其余三指弯曲直臂前举，成弓步（图7）。

（六）第三局

面向裁判长席，一手拇指、食指、中指分开竖起，其余两指弯曲直臂前举，成弓步（图8）。

（七）“预备——开始”

立于双方运动员中间成弓步，在发出“预备”口令的同时，两臂伸直，仰掌指向双方运动员（图9）。在发出“开始”口令的同时，两手俯掌内合于腹前（图10）。

图7

图8

图9

图10

（八）“停”

在发出“停”的口令的同时成弓步，单臂成掌伸向双方运动员中间（图11、图12）。

（九）消极8秒

两臂前上举，一手小指和无名指弯曲，其余手指自然分开、伸直（图13）。

图11

图12

图13

（十）读秒

面对运动员，屈臂握拳于体前，拳心向前，从一手拇指至小指依次张开，间隔1秒（图14、图15）。

（十一）消极搂抱

双手环抱于体前（图16）。

（十二）强制读8秒

单臂指向裁判台，拇指竖直，其余四指弯曲（图17）。

图14

图15

图16

图17

（十三）3秒

一臂伸直，仰掌斜上举指向某方运动员，另一手拇指、食指、中指自然分开，其余两指弯曲，掌心向下，自腹前向外横摆于体侧（图18）。

（十四）3分

一臂伸直，仰掌斜上举指向某方运动员，另一手拇指、食指、中指自然分开，其余两指弯曲斜上举（图19）。

（十五）指定进攻

单臂伸向双方运动员中间，拇指伸直，其余四指弯曲，手心朝下，在发出“某方”进攻口令的同时，向拇指方向横摆（图20）。

图18

图19

图20

（十六）倒地

一臂伸直指向倒地一方，手心朝上，另一臂屈于体侧，掌心朝下（图21）。

（十七）倒地在先

一臂指向先倒地一方，在发出“某方倒地在先”的口令的同时，两臂在体前交叉，掌心朝下（图22、图23）。

图21

图22

图23

（十八）同时倒地

两臂体前平伸，后拉下按，掌心朝下（图24）。

（十九）禁止发声

一臂伸直，虎口张开指向发声的运动员或教练员（图25）。然后，拇指与四指合闭（图26）。

图24

图25

图26

（二十）踢裆

一臂伸直指向犯规运动员，手心朝上，另一手掌心向内，摆至裆前（图27）。

（二十一）击后脑

一臂伸直指向犯规运动员，另一手俯按于后脑（图28）。

（二十二）肘犯规

双臂屈于胸前，一手俯盖于另一肘部（图29）。

图27

图28

图29

（二十三）膝犯规

提膝，用手拍盖膝部（图30）。

（二十四）一方下台

一臂前平举指向下台一方（图31）。另一手立掌，手心朝前，向前平推成弓步（图32）。

图30

图31

图32

（二十五）双方下台

弓步，双手立掌，手心朝前，向前平推（图33）。而后屈臂上举于体前成90°，掌心朝后，成并步直立（图34）。

（二十六）警告

一臂伸直指向犯规运动员，掌心朝上，另一手示出犯规现象后，屈臂成90°握拳上举于体前，拳心朝后（图35）。

图33

图34

图35

（二十七）劝告

一臂伸直，掌心朝上指向犯规运动员，在发出“犯规”口令的同时，屈臂成90°立掌上举于体前，掌心朝后（图36）。

图36

图37

（二十八）取消比赛资格

两手握拳，两前臂交叉于胸前（图37）。

（二十九）无效

两臂伸直，在腹前交叉摆动（图38～图40）。

图38

图39

图40

（三十）急救

面对大会医务席，两手立掌，两前臂在胸前成十字交叉（图41）。

（三十一）休息

仰掌侧平举，指向双方运动员休息处（图42）。

（三十二）平局

平行站于两名运动员中间，握两侧运动员手腕上举（图43）。

图41

图42

图43

（三十三）获胜

平行站于两名运动员中间，一手握获胜运动员手腕上举（图44）。

（三十四）交换站位

站立在擂台中央，双臂伸直在腹前交叉（图45）。

图44

图45

第六章　场地与器材

第二十五条

（一）比赛场地为高60厘米、长800厘米、宽800厘米的木结构的台，台面上铺有软垫；软垫上有帆布盖单；台中心画有直径100厘米的阴阳鱼图。台面边缘有5厘米宽的红色边线；台面四边向90厘米处画有10厘米宽的黄色警戒线。

（二）台下四周铺有高20~40厘米、宽200厘米的保护软垫（图46）。

（三）教学比赛过程中，在没有条件的情况下可直接选用厚度约10厘米的软垫铺在宽敞的地面上，软垫上有帆布盖单，围成规定大小的场地进行比赛。

第二十六条

器材可根据教学比赛实际情况所需由教学组委会自行安排。

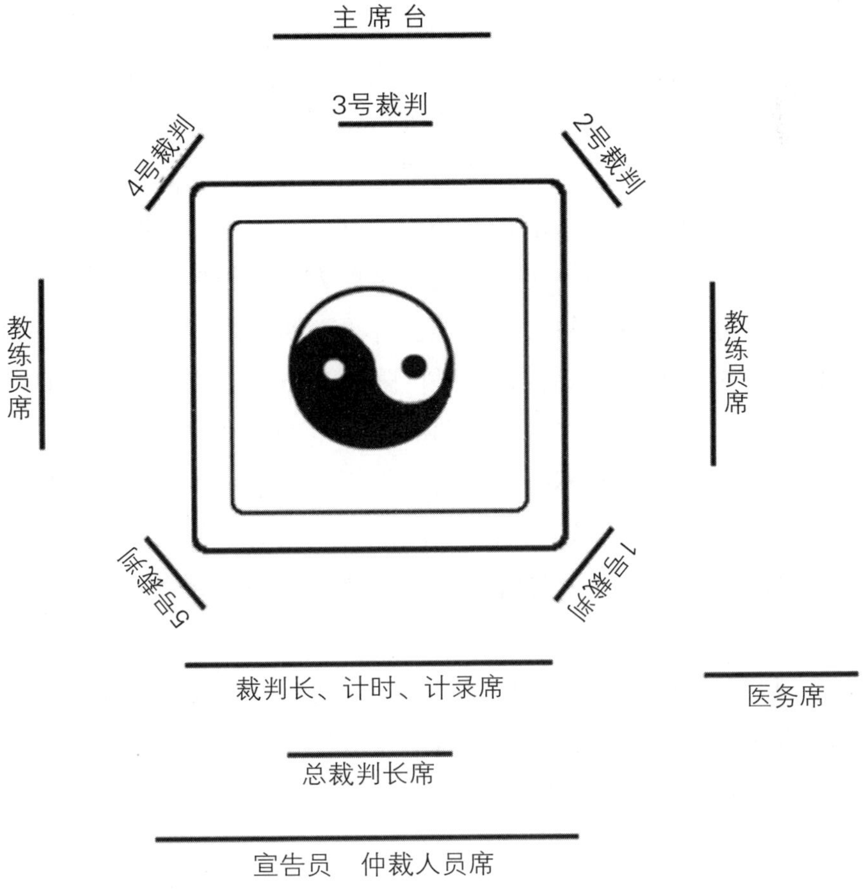

图46

附录二　法律常识
（Rules of free Elemntary knowledge of law）

法律是国家强制执行的行为准则。我国的法律是人民利益的集中体现，是人民群众民主权利不受侵害的保障，同时也是与犯罪分子进行斗争的强有力的武器。国家法律告诉我们什么可以做，什么不可以做；哪些是合法的，哪些是违法的；哪些行为属于犯罪，应该受到惩罚；那些行为不属于犯罪，应当采用教育批评的方式进行解决。如果在与暴力犯罪分子进行斗争中出现了“该防不防”和“防卫过当”等偏差，这样就容易在客观上纵容犯罪活动或者给自己带来不必要的麻烦。武术防卫技术，是人们进行防身自卫的一种方法和技能，我们在掌握方法和技能的同时，实施防卫也一定要讲究分寸，对各种人、各类事件等，所采取的态度与方法也不尽相同。如对盗贼之类，只要对方不是恃强胁迫自己，大多只需“拿住”；与不期而遇且又蛮横无理、恃强凌弱的人发生冲突，只需“摆平”，不使其“狂妄”即可；对有预谋或有意的伤害，则以全力以赴保护自我为要，倘不能挫败对方，其结果只有加害于己；对“路有不平，拔刀相助”的做法，要做到既能保护自己和受害人，又能严厉打击狂暴之徒，颇有惩治的意味。

由于犯罪分子的侵害性质和程度不同，要明确法律中的正当防卫的使用范围（以区别正当防卫和防卫过当），这样才可以正确使用正当防卫的法定权利保护自己的利益，同时防止陷入防卫过当的泥潭，招致不必要的麻烦，甚至刑事制裁。

所谓正当防卫，是法律赋予公民的一项重要权利，是鼓励和保障公民同违法犯罪行为作斗争的重要手段，对于保障国家、公共利益和公民的合法权益，威慑犯罪分子，制止和预防犯罪，具有积极的意义和作用。正当防卫是否构成，首先应弄清其防卫意图。所谓防卫意图，即防卫人意识到不法侵害正在进行，为了保护国家、公共利益及本人或者他人的人身和其他权利，而决意制止正在进行的不法侵害的心理状态。正因为它是防卫人的一种心理状态，所以具有隐蔽性的特征，有时防卫人的客观行为使其防卫意图的表露明白无误，但有时则不那么一目了然。

那么，什么是正当防卫，什么是防卫过当，二者之间的区别在哪里呢?

根据中华人民共和国刑法的规定，“为了使国家、公共利益、本人或者他人的人身、财产和其他权利免受正在进行的不法侵害，而采取的制止不法侵害的行为，对不法侵害人造成损害的，属于正当防卫，不负刑事责任。”

“正当防卫明显超过必要限度造成重大损害，应当负刑事责任，但是应当减轻或者免除处罚。”

“对正在进行行凶、杀人、抢劫、强奸、绑架以及其他严重危及人身安全的暴力犯罪采取防卫行动，造成不法侵害人伤亡的，属于正当防卫，不负刑事责任。”

从以上规定可以看出，二者之间区别的关键就是，在进行正当防卫之时，防卫人采取的防卫行为是否在必要的限度之内。根据刑法司法实践的通常原则，只要防卫行为是为了制止不法侵害而必须采取的行为，就不会有防卫过当之虞。理论上认为，“相当性”是判断是否过当的基本原则，譬如不法侵害人打了受害人一个耳光，而受害人为了防卫，拿菜刀砍伤了不法侵害人，这就是侵害手段与防卫手段的程度明显“不相当”，从而构成防卫过当。而刑法也规定，当侵害的程度非常严重，侵害人是正在实施行凶、杀人、强奸等严重犯罪，那么采取的防卫手段造成了不法侵害人受伤或死亡，是不负刑事责任的。另外，还要注意两个特征，一是不法侵害必须正在进行中，如果侵害已结束，就不能实施正当防卫了，只能采取报案、扭送司法机关等措施；二是不法侵害开始后才能进行防卫，假如防卫人为了预防他人可能进行的不法侵害而预先防卫，那就是“假想防卫”，造成后果的，要负法律责任。

后 记

可以说创作的过程也是一个学习的过程、奋斗的过程、感恩的过程。《武术防卫实战技法精粹》一书在出版过程中，有幸得到了众多知名武术前辈、防卫专家、学者以及朋友们的支持和帮助，在此要特别鸣谢审定、技术顾问张耀庭主席、吴彬老师、魏然院长、李士英院长、于志波教练以及下列人员（按姓氏笔画排序）：

马　斌　武风（北京）国际体育文化传媒有限公司首席太极拳教练员

卞国栋　法名，释延极，著名武术家，中国嵩山少林寺武僧团副团长，白兔寺住持

王世英　国家级教练员，第一届、第二届世界武术锦标赛散打冠军，中国十大武星之一

王进锋　“散打王名将”，第九届全国运动会武术散打亚军，北京散打专业队教练员

史智龙　民间传统拳武术家

李宝如　摔跤界泰斗，原国家摔跤队总教练

刘震宇　河北金融学院教授，北京体育大学民族传统体育专业、硕士研究生

杨玉峰　著名武术家、武术散打国际级裁判员

宋玉龙　本书特邀动作拍摄，原北京散打队专业运动员、全国武术散打邀请赛冠军

赵庆建　“国际级运动健将”，2008年奥运会武术冠军，首都体育学院教师

罗秋声　世界冠军、世界吉尼斯纪录获得者，中国国家跆拳道示范团副团长

梁志宏　武警河北总队原指挥学院院长、教授，当代著名军事武术家

籍凤昌　解放军石家庄陆军指挥学院原侦察兵教研室主任、教授

蒋东旭　全国武术锦标赛冠军，著名武术教练员，少林寺十八罗汉之一

中国体育报业总社王勃先生，张爱军律师，武术教练叶恒忠、刘芳麟、李毅楠、李新建，摄影郝龙、施龙、郎佳，英文翻译毛春英，图片设计张淑敏、孙慧、王爽，以及我的学生王秀文、赵鹏、胡志明等。感谢他们对武术教育事业的热爱和对本书寄予的厚望!

由于本人水平有限，书中疏漏之处在所难免，恳切希望得到武术界同仁和广大读者的批评与指正。

张风雷

2017年7月15日于京东·茗园

图书在版编目（CIP）数据

武术防卫实战技法精粹 / 张风雷著. －北京：人民体育出版社，2018

ISBN 978-7-5009-5267-1

Ⅰ. ①武… Ⅱ. ①张… Ⅲ. ①防身术 Ⅳ. ①G852.4

中国版本图书馆 CIP 数据核字（2017）第 259851 号

*

人民体育出版社出版发行

三河兴达印务有限公司印刷

新　华　书　店　经　销

*

787×960　16 开本　20 印张　289 千字

2018 年 2 月第 1 版　2018 年 2 月第 1 次印刷

印数：1—3,000 册

*

ISBN 978-7-5009-5267-1

定价：54.00 元

社址：北京市东城区体育馆路 8 号（天坛公园东门）

电话：67151482（发行部）　邮编：100061

传真：67151483　邮购：67118491

网址：www.sportspublish.cn

（购买本社图书，如遇有缺损页可与邮购部联系）